간절히 바라면 이루지 못할 것이 없어요

하고픈 일이 있으면 우선 '간절한 마음'을 가져요

"되면 좋고, 안되면 말고" 그런 생각엔 이미 가능성이 없어요

탄 자와 걷는 자

홍 순 석

한국문화사

탄 자와 걷는 자

초판인쇄 2007년 9월 5일
초판발행 2007년 9월 10일

지은이 홍순석
펴낸이 김진수
펴낸곳 **한국문화사**
등 록 1991년 11월 9일 제2-1276호
주 소 서울특별시 성동구 성수1가2동 656-1683번지 두앤캔B/D 502
전 화 (02)464-7708 / 3409-4488
전 송 (02)499-0846
이메일 hkm77@korea.com
홈페이지 www.hankookmunhwasa.co.kr

값 10,000원

ISBN 978-89-5726-483-6 03810

지비옹知非翁을 생각하며

한 번 쯤 되돌아 볼 만도 한데 그러지 못했던 것 같다. 무턱대고 달려왔던 기억밖에 없다. 이제 성산 중턱쯤 올라 왔을까? 숨도 차고, 좀 쉬자는 말을 자주 건넨다. 지나온 길엔 쓰레기가 만만치 않다. 한 번도 치우지 않았으니 그럴 수밖에 없다. 한꺼번에 태워 없애려고 들쳐보니 그것도 엄두가 나지 않는다. 놓아두자니 훗날 누군가에게 폐를 끼치는 일이 되겠고…, 이런저런 생각 끝에 우선 그동안 썼던 글을 분리수거하였다. 누구에게 보이기보다는 무뎌지는 기억에서 아예 내버릴 요량으로 정리한 것이다. 내버린 만큼 몸도 마음도 가벼워졌으면 좋겠다.

처인재를 찾는 이에겐 찻잔에 어린 달빛만 보이고 싶다. 간절히 바라면 되리라…,

처인재에서 2007년 단오날

김세필 선생은 쉰고개를 넘으면서 "이제까지 옳다고 여겼던 것이 모두 잘못이었노라."하면서 자신의 호를 '지비옹知非翁'이라고 하였다. 무턱대고 달리고, 쌓아두면 되는 줄 알았던 내겐 큰 가르침이었다. 재작년에 일본에 머물면서 이전의 것들을 모두 내버릴 생각이었는데 그것도 실천하지 못했다. 부끄러운 일이다.

■ 차례

탄 자와 걷는 자

갈림길

연대 緣坮

밥이나 함께 먹고 삽시다

그린토피아 용인을 위하여

탄 자와 걷는 자

탄 자와 걷는 자 / '五'와 '七'
제 발보다는 치수를 믿는 자 / 의견義犬 이야기 / 한국인과 개犬
뇌물과 떡값 / 족부족 시족 足不足是足
인장印章과 낙관落款 / 침은 씻지 않아도 저절로 마른다
두만강 푸른 물에 노젓는 뱃사공은 어데가고 /안다는 것
발을 그리는 화가 / 아내의 발을 씻어주다
상해에서 / 아주 작은 봉사, 아주 큰 행복
황금빛 까마귀와 꼬리 달린 개구리 / 실패가 성공보다 나을 때가 있다
알맹이보다 비싼 껍데기 / 바보 온달과 평강공주
화장실의 슬리퍼를 돌려 놓으세요 / 일의 시작과 끝
현명한 리더는 월권을 용납하지 않는다. / 갈무리하는 농부의 마음으로
게蟹 구멍 / 사람의 마음을 얻는 일
삼성퇴박물관의 옥석 / 익지 못한 벼는 피만도 못하다
크게 생각할수록 크게 이룬다
화살과 수레바퀴 / 태산에 오르다
없어도 좋은 것들 / 밥만 먹고 못살아
가화만사성家和萬事城 / 좋은 사람과 유능한 사람

지금 그대로가 좋아요

지금 그대로가 좋아요. 사람들은 내일이 어제와 같으면 안 된다고 말해요. 그래야 변한다고, 그래야 발전이 있다고. 그래도 결국은 그 사람들도 지금에 머물러 있어요. 가장 소중한 날은 오늘, 바로 지금이에요. 지금 난 당신을 생각하고 있어요. 당신이 가장 소중하기 때문이에요. 내 가까이에 있는 모두가 소중한 것처럼, 이젠 당신도 그 안에 있어요. 사랑, 그 이상이에요.

탄 자와 걷는 자

큰 맘 먹고 길을 나서면 닿는 곳이 으레 사찰이었다. 내가 사찰을 즐겨 찾는 것은 꼭 불교에 남다른 관심이 있거나 심취해서가 아니다. 시끄러운 곳에서 아웅다웅하며 생활하다가 그 곳에 들르면 조금은 조용하고, 가끔은 독경소리도 들리고, 때로는 풍경소리만 들려 헝클어졌던 마음을 풀어주기 때문이다. 짬을 얻어 선방에서 자욱한 향내음을 맡으며 하루쯤 묵게 되면 더할 나위없이 뿌듯했었다.

지난 방학 때도 사찰에서만 느낄 수 있었던 짙은 향내와 풍경소리가 그리워 어느 사찰을 찾았다. 시인 서정주의 고향이 그곳에 있었고, 한 때 그가 승려로도 있었다는 이야기가 나를 그 먼 곳에까지 이끌었던 것이다. 그런데 그 곳에서 누릴 수 있길 기대했던 바람은 허사가 되고 말았다. 교통난이야 요즈음 어디가나 다 그런 것이고, 사찰 인심도 변하지 않을 수 없지 않은가. 편히 놀다오자고 길을 나선 것도 아니었다. 그 정도는 기꺼이 감수할 생각이었다. 그러나 그곳에선 아무리 귀를 기울여도 바람 소리에 어울린 풍경소리가 들리지 않았다. 그저 바람 불면 흔들릴 뿐이었다. 독경소리도 집에서 테이프를 통해 듣던 똑같은 그 목소리였다. 적지 않은 입장료에 「기와 보시」하고, 대웅전에 시주해도 헝클어졌던 마음은 좀처럼 풀리지 않았다. 반겨주던 행자승도 보이지 않고 보살 할머니들만 분주하였다. 사찰 경내 곳곳은 입장금지 푯말이 가로 막았다.이런 저런 불평을 짊어지고 하산을 서둘렀을 때 먼지를 내고 앞서는 승용차가 더욱 마음을 흔들어 놓았다. 스님들도 무척이나 바쁘신가보다. 해 기울 무렵에 어디를 행차하시는지 차량까지 동원하셨던 것이다. 뒷자리에 앉은 스님의 여유가 부러웠다. 주차장 입구까지 걸어야 할 생각을 하니 이제껏 아무 이상 없던 무릎이 아파 왔다. 그저 시간을 잊고 하루라도 마음의 안정을 구하려던 노력이 한꺼번에 박살났던 것이다. 얼마를 걸었을 때 휴일을 즐기러 나온 한 가족을 만났다. 한 아이는 아빠가 업고, 다른 아이는 제 엄마한테 업어달라고 떼를 쓰는 것 같았다. 곧잘 걷다가 지나가는 차를 보고 그 애도 갑자기 다리가 아팠으리라. 분명 입구에는 「차량출입금지」 푯말이 있었고, 모두들 그 규율을 지켰다. 내가 기꺼이 그 규율을 따랐듯이…, 한 가족도 그랬을 것이다. "스님들이야 그 절 주인(?)이니까 예외이겠지."하며 자위해보아도 불평스런 마음은 진정되지 않았다. 그때 나는 "절이 싫으면 중이 떠나야지, 절이 중을 떠나겠나."라는 옛말처럼 "이제는 그같은 절을 찾지 않으면 되지" 다짐하였다. 그러다가 "내가 절을 왜?…, 내가 미워한 것은 절이 아니었잖아"하며 계속 되씹었다. "그러면 떠나지 않는 스님을 쫓아내…" 별별 해괴한 생각 끝에 불현듯 『삼국유사』를 통해 배웠던 「경흥憬興스님 이야기」가 생각났다.

신라 신문왕 때 경흥스님은 국사國師의 소임을 맡아 왕궁을 자주 방문하였다. 그가 왕궁에 들어가는 날은 으레 번잡하였다. 큰스님을 모시는 예우로서 시종들이 따랐고, 그가 길을 떠나기 전에 시종들은 그가 타고 갈 말을 화려하게 꾸몄다. 길을 지날 때도 그를 위하여 모두들 머리 숙이고 길가로 물러나 있다가 그가 지난 뒤에야 걷곤 하였다. 그런데 하루는 이상한 옷차림의 거사가 길을 비켜서지 않고 그대로 있었다. 그는 손에는 지팡이를, 등에는 소쿠리를 짊어지고 있었다. 소쿠리 안에는 마른 고기가 들어 있었다. 시종들은 거사를 꾸짖어 말하였다. "너는 승복을 입고 있으면서 어찌 더러운 물건을 짊어지고 있는가." 거사가 대답하였다. "그대들은 두 다리 사이에 산 고기를 끼고 있으면서도 시장에서 파는 죽은 고기를 짊어지고 있는 것을 어찌 미워하는가." 이 말을 전해들은 경흥스님은 그 이후 결코 말을 타지 않았다.

해 기운 무렵에 차를 타고 외출하신 스님은 아마도 신라 때 경흥스님을 깨우치기 위하여 현신하신 부처님이 다시 현신하셨음에도 뵙지 못했던 것 같다. 다리가 아파 업어달라고 조르던 꼬마아이는 그 부처님이 동자로 현신했던 것이리라. 그럼에도 스님은 뵙지 못했음이 분명하다. 그 스님에게 이 작은 글을 보낸다. 경흥스님에게 거사의 말을 전한 것처럼.

「경인일보」, 1993. 5. 21.

'五'와 '七'

매우 오래 전의 일로 생각된다. 학과 학생들과 함께 강원도 정선을 답사했을 때 일이다. 조선 선조 때 학자인 이식(李植)의 후손댁을 답사하였다. 성과는 여하간에 지루한 여정과 더운 여름철의 날씨에 무척이나 고생스러웠던 답사로 기억된다. 그런데도 아직까지 나는 신입생의 강의 첫시간에는 빠짐없이 이때 들은 이씨 노인의 이야기를 늘어놓고 있다.

처음엔 으레 그 당시 고생했던 이야기가 무용담처럼 소개된다. 그리고는 학생들의 반응이 시큰둥해지면 곧바로 "알아맞추면 A학점을 주겠노라" 미끼를 던져놓고 문제를 낸다. "1에서 10까지의 숫자 가운데 두 개의 수를 택하여 한 숫자에서 1을 빼서 다른 숫자에 주면 두 배가 되고, 그 반대로 계산하면 똑같아지는 숫자가 있다. 어떤 숫자인가?" 한 자리수의 계산이니까 누구든 자신 있게 덤벼든다. 셈에 둔한 학생은 메모지에 열심히 계산을 한다. 그때 나는 혹시나 맞추면 김이 샐세라 정해진 시간을 황급히 알리고 "그만" 한다. 올해도 A학점 내정자는 없다. 정답은 '五'와 '七'이다. 그제서야 모두들 "아하"하며 머리를 친다. 이쯤 되어야 나의 무용담은 색채를 더욱 발하면서 전개된다.

자- 생각해보자. 부부가 한 가정을 이끌어 가는 방법은 각기 다를 것이다. 더욱이 남녀의 능력과 사회적 지위를 대등하게 인식하려는 이때에 이 숫자놀이를 생각해보자. 남자가 '五'여도 좋고 '七'이라도 좋다. 정선의 이씨 노인은 여자를 '五'라 못 박아 말했었다. 그 당시 여학생들은 수긍이 간다고 했지만, 세월이 변한 지금 그같이 못 박아 말하면 "우-"소리가 진동한다. 남녀 둘다 자신의 능력을 발휘하기 위해서 자신을 내세우려 한다. 이 같은 일이 계속되면 언쟁 끝에 하는 말은 "그래 너 잘났다"이다. '七'이 양보해서 '五'에게 하나를 주면 '六'이라는 숫자로 대등하게 된다. 자칫 보면 가장 합리적인 방법이 아닌가 생각된다. 누구 하나 잘난 것 없으니 싸울 일이 없을 것이다. 그러나 좀더 생각해보면 어리석었음을 알게 된다. 주고받는 일이 없었으면 그 가정의 최고 능력지수는 '七'이었다. 그런데 오히려 '六'으로 줄고 말았지 않은가. 누가 '五'이든 간에 자신이 기꺼이 하나를 '七'에게 주라. 그러면 그 가정의 능력지수는 '八'이 될 것이다. 이것이 바로 내조內助요, 외조外助이다. '五'에서 하나가 줄어든다고 해서 그리 아쉬워 말라. 늘어난 몫은 바로 그대가 내어준 '하나'인 것이다. 그렇다고 해서 우쭐댈 일도 아니다. 거기에는 그 '하나'의 몫을 충실히 해낸 대상이 있었기 때문에 가능했던 것이다. '七'에서 '八'이 되었다고 해서 그가 제 덕으로만 생각해도 문제이다. 오히려 받은 자인만큼 그 하나의 몫에 대한 고마움과 책임을 함께 느껴야 할 것이다. 이처럼 한 가정의 삶이 이루어진다면 정말이지 살맛나지 않겠는가.

좀더 쉽게 말하자. 정선의 이씨 노인은 숫자 이야기를 한참 해놓고는 우리 일행에게 이렇게 말했었다. "여- 학생, 내 말이 어려워. 셈 이야기하니까 머리가 아프지. 그냥 쉽게 생각해. 뜻은 가령, 아- 수레를 끌고 언덕에 오르는데 다 올라가서는 앞에서 끈 사람이 제 힘으로만 언덕에 올라온 것처럼 생각하면 안 된다는 거야. 뒤에서 안 밀어주면 됐겠어. 그런 이야기야". 그제서야 학생들은 "음- 그 이야기구나."하며 관심을 다른 곳으로 돌렸었다. 이씨 노인은 눈치 채고 다시 그들을 돌려 앉힐 이야기를 꺼냈다. "학생들, 내가 왜 '五'와 '七' 이야기를 했는지 알아. 이 '五'와 '七'은 아주 길(吉)한 숫자야. 이 숫자 겹치는 날이 다 명절이잖아. 단오, 칠석이 그래." 그 다음 이야기는 가문, 음양오행, 사주, 궁합 등에 관한 것으로 학생들에겐 더 관심사였었다.

지금의 나 역시 신입생들이 지루한 모습을 보이면 그 노인의 현명한 방법을 재현한다. 그러면 영낙없이 관심이 모여진다. 이씨 노인을 뵙고나서 얼마동안은 이 이야기도 잊고 있었다. 우연히 몇 해 전에 그 분이 타계하셨다는 소식을 듣고서 떠올랐던 것이 바로 '五'와 '七'이야기였다. 그런데 왜 그 노인은 그때 수레이야기를 하지 않고 셈이야기를 했는지 궁금했었다. 수레이야기라면 학생들 모두 쉽게 이해했을 텐데…,

경인일보, 1993. 3. 6.

제 발보다는 치수를 믿는 자

대학 4년간을 고속버스를 타고 통학한 바 있는 나는 터미널 주변의 광경을 누구보다 잘 기억하고 있다. 그때 풍경은 이러하였다. 시골에서 버스가 올라오면 짐꾼이 분주하게 다가선다. 마중 나온 이들의 목도 으레 길어진다. 그 뒤로 정복, 사복 차림의 젊은이들도 하차하는 이들을 반긴다(?). 그리고 분주하게 제 갈 길을 가는 이를 불러 세워 일일이 신분을 확인한다. 주민등록증이 없으면 간이 파출소까지 동행해야 한다. 지문을 찍고, 컴퓨터 조회를 하고, 그것도 한참을 줄서 기다려야 한다. 무슨 죄를 짓지도 않았는데, 멀쓱해진 채로 "잘 봐줍쇼"를 연발하는 촌(?) 사람도 더러 있다. 잘 차려 입은 이는 아예 붙잡아 세우지도 않는다. 그때 그들은 옷을 검사하려 했나보다.

이런 일을 당하고 나서 전철을 타려고 나오다 보면, 거의 광적으로 각자의 종교를 전하는 이를 마주하게 된다. 그토록 열심히 전도했으면 자비도, 은총도 엄청 받았음직한 데 아직도 그 모습 그대로이다. 처음 서울에 올라오셨는지 늙수레한 노인이 두리번거리다가 마지못해 짐을 내려놓으며, 그에게 말을 건넸다. "내 화장실이 급해서 그런데 이 짐 좀 봐주게" 노인 생각으론

그가 가장 믿음직했던 모양이다. 화장실 앞에서 지키는 이도 있었지만 장사치라서 믿을 수 없었던 게다. 그런데, 반응은 요즈음 애들 말대로 썰렁했다. "할아버지 이 짐 빨리 쳐요" 짐보따리를 앞발로 내밀며 던진 말이다. 그 말 다음에 되던져진 노인의 말이 더 걸작이다. "이런, 미친 놈! 눈앞에 뵈는 사람도 믿지 못하면서 뵈지도 않는 신을 믿으라고 외쳐"

그때 곁을 지나치던 나는 발을 멈춰 섰었다. 그리고, 두 사람의 순간적인 눈싸움을 직시하였다. 누가 옳은지를 따져 볼 생각도 없이 그저 멍청하게 바라보았다. 노인도 사람을 믿지 못했던 것은 마찬가지이다. 종교인은 믿음직하고, 장사치는 믿을 수 없었단 말인가.

옛날 중국의 정鄭나라에도 그 같은 사람이 있었던 모양이다. 차치리且置履란 별명의 사내가 있었다. 이 사내는 신발을 하나 새로 사기 위해 자기의 발을 재어 그 치수를 적어 두었다. 마침 짬이 나서 시장에 들려 새 신발을 사러 나갔다. 그러나 웬걸, 그만 치수를 적어 둔 종이를 집에 두고 나온 것이었다. 신발 가게에 도착해서야 그 같은 사실을 알게 된 사내는 황당해 하였다. 며칠을 빌어서 짬을 겨우 내서 가게까지 왔으니 그도 그럴 것이다. "발 치수를 적은 종이를 그만 집에 두고 왔구려"하며 겸연해 하며, 집으로 향해 달음질쳤다. 집에서 그 쪽지를 찾아 든 사내는 다시 허겁지겁 신발 가게에 도착하였다. 또 낭패였다. 이제는 가게문이 닫혀 있었다. "허참, 신발 하나 사 신기가 이렇게 어렵담" 불평하였다. 그때 곁에서 누군가가 말하였다. "아, 신어보고 맞는 걸 고르지 그랬수." 사내는 되려 화를 내며 되받았다. "치수를 믿지 어찌 발을 믿을 수 있단 말이오."

요즘도 관공서를 가면 사람보다는 서류를 크게 믿고 있음을 쉽게 볼 수 있다. 우선, 창구에서 주민등록증을 제시하지 않으면 일을 처리할 수가 없다. 높은 분들이 계신 곳은 신분증을 저당 잡히고 출입일까지 일일이 적어 두어야 한다. 은행에서 송금을 해도 신분증을 내보여야 한다. 아니, 제 돈 제가 부쳐도 꼭 그래야만 되는지. 언제까지 그래야만 하는지 답답하기만 하다. 사실, 인품人品보다는 인감印鑑이 신뢰를 보장한다. 사람의 말은 더 이상 믿음信직하지 못하다. 그런데도, 나는 아이들에게 한자를 가르치며, "사람 인人자에 말씀 언言 하면 믿을 신信자야. 즉 사람의 말은 믿음직하다는 거지"하며 공자님을 대변한다. "눈으로 뵙지 못하는 하나님도 죽어라 믿는데, 눈에 뵈는 사람을 못 믿어서야 되겠니?" "아니, 선생도 못 믿어?" "그래 임마, 느네들은 차치리 같은 놈이야." 이런 말까지 내뱉으며 복장을 칠 때가 적지 않다.

경인일보, 1995. 5. 13.

의견義犬 이야기

불교의 인과론이나 윤회설에서 보면 인간이 죽어 환생할 때는 살았을 적 공적에 따라 축생도畜生道에 떨어지기도 하는데, 주로 개·소·뱀 등의 순서로 나타난다고 한다. 이는 인간과 개가 본래 밀접한 관계에 있음을 말해주는 것이다. 어느 때부터 인간이 개를 기르며 밀접한 관계를 갖게 되었는지는 구체적으로 알 수 없다. 일본에서는 신석기 초기부터 개가 존재하였다는 연구가 있다. 이에 준하면 우리 한반도에서 개를 길렀던 것은 그 이전으로 추정해볼 수 있을 것이다.

한국인이 일찍부터 개를 가축으로 길렀음은 고구려의 고분 벽화 속에서도 살필 수 있다. 황해도 안악3호고분(고구려때 무덤으로 357년경 축조된 것으로 추정함)안의 동쪽 벽화 가운데 부엌 앞마당에서 놀고 있는 두 마리의 개그림이 그것이다. 이외에도 덕흥리 고분벽화, 무용총 벽화 등에서도 볼 수 있다. 이처럼 삼국시대부터 조선시대 말까지 우리나라에서 그려진 개그림犬圖·狗圖·狗子圖만도 40여 점에 이른다. 이처럼 개가 그림에 등장하는 이유 또한 다른 동물에 비해 사랑스럽고 인간에 대한 충성심이 지극하고, 그만큼 친근하게 느껴졌던 동물이기 때문이다. 인간과 개의 관계는 격언이나 속담에도 많이 비유된다. 못된 인간은 곧잘 「개만도 못한」 존재로 비유된다. 우리나라의 설화 가운데도 개에 관한 이야기가 적지 않다. 특히 의견義犬에 관한 이야기는 개무덤이나 개비석이 함께 전하고 있어서 일반인의 관심을 끌기에 족하다.

의견이야기는 동물담의 한 유형으로 "개가 인간에게 도움을 주거나 은혜를 갚은 것을 주제로 한 이야기"를 말한다. 그 내용에 따라 의견義犬 의구義狗 의오義獒 충견忠犬 충구忠狗 효구孝狗 설화 등으로 불려진다. 의견이야기 자료는 한·중·일 세 나라 모두 여러 문헌이나 구전을 통해서 전해지고 있다. 중국의 경우 『수신기搜神記』 『태평광기太平廣記』 『청패류초淸稗類抄』 『이견지夷堅志』 등에서 그 같은 자료를 볼 수 있다. 일본의 경우, 관경오關敬吾의 『일본석화집성日本昔話集成』에 수록되어 전한다. 우리나라의 경우는 고려 때 최자崔滋가 지은 『보한집補閑集』을 비롯하여 이육李陸의 『청파집靑坡集』과 같은 문집류나 『동국여지승람』 같은 지지류에 많은 자료가 전한다. 또는 전국의 군지나 읍지를 통해서도 살필 수 있으며, 구전되는 자료 역시 적지 않다. 「개가 밭을 갈아주고 죽고 난 뒤 무덤에서 나무가 자라 보화를 얻게 된다」는 유형의 이야기처럼 한·중·일 세 나라에 걸쳐 유사한 의견이야기도 없지 않으나, 우리나라에서만 전파된 이야기가 더욱 많다.

우리나라에서 전해지는 가장 오래된 의견이야기는 최자의 『보한집』에 전하는 「오수獒樹의 의견」 이야기이다. 이 「오수의 의견」이야기는 여러 고문헌에는 물론, 일제하에서는 보통학교 『조선어독본』에 실렸으며, 지금까지도 국민학교 교과서에 전하고 있다. 『보한집』의 기록에 의하면 오수의 의견을 소재로 한 「견분곡犬墳曲」이라는 악곡이 만들어져 노래로 불려지기도 하였다.

현재 전북 임실군 둔남면 오수리의 원동산에는 의견비義犬碑와 의견 동상이 지방민속자료로 보존되고 있다. 매년 4월에는 의견제가 행해지고 있다. 경북 선산군 해평면 낙산에 있는 의구비義狗碑에 얽힌 이야기도 유명하다. 조선 영조때 목판본으로 간행한 『의열도義烈圖』에 「의구도義狗圖」가 전하는데, 바로 선산의 의견이야기를 그림으로 설명한 자료이다. 오수와 선산의 의견이야기는 그 내용이 비슷하여 두 지역에서 서로 우위를 내세우고 있는 실정이다. 이 두지역의 의견이야기 줄거리는 대강 이러하다.

"옛날 어느 곳에 한 사람이 살았는데 그는 평소 개를 매우 사랑하였다. 하루는 개를 데리고 장에 갔다 오는 길에 술에 취하여 길가 풀밭에서 잠이 들었다. 이때 들불이 일어나서 주인이 불에 타죽게 되었다. 이 광경을 본 개는 근처의 샘물에 가서 꼬리에 물을 적셔서 주인이 자고 있는 주위의 불을 껐다. 주인을 불에서 구한 개는 지쳐서 그 자리에서 죽었다. 그후 깨어난 주인은 이 사실을 알고 슬퍼하며 개무덤을 만들어주고 비석도 세웠다. 지금도 그것이 전하여 우리 인간에게 교훈을 준다."

이 이야기는 이른바 「불을 끄고 주인을 구한 의견이야기」로 우리나라에만 전하는 자료이다. 현재 전국에 전하는 의견이야기의 대다수가 이 유형에 속한다. 이밖에도 의견이야기는 의외로 많고 다양하다. 겁탈 위기의 아녀자를 구한 이야기, 주인의 시묘를 돕고 함께 죽은 이야기, 주인을 죽인 범인을 찾게 한 이야기, 집안의 재앙을 구한 이야기 등 실로 다양하다. 의견이야기는 대략 주인을 구한 이야기(救主型), 주인을 따라 죽은 이야기(殉死型), 주인에게 보답하는 이야기(報恩型)로 구분할 수 있으며, 「최부자네 개무덤」 이야기처럼 이러한 유형이 복합적으로 나타나는 경우도 허다하다. 고문헌 자료에서는 주로 주제를 집약해서 의義·충忠·효孝에 관련해 구분하였다. 각 유형별로 대표적인 사례만 들어본다.

경북 하동의 의구총에 얽힌 이야기는 구전과 함께 여러 야담집에 기록되어 전한다. 내용은 「주인을 죽인 범인을 찾는 데 도움을 주고 따라 죽은 의견이야기」이다. 의성군 봉양면 분명부락의 의구비에 얽힌 이야기도 별다른 내용을 담고 있는 흥미 있는 자료이다. 열녀 박씨의 정려비와 나란히 서 있는 의견비는 임진왜란 직후 세워진 비석이다. 박씨부인과 두 딸이 미처 왜군의 침입을 피하지 못하고 겁탈 위기를 맞게 되자 자결하였는데, 이 때 의견이 그 시신을 지켜 친지들이 장례를 지낼 수 있게 하였다. 여기서 그치지 않고 의견은 박씨의 장례일에 따라 죽었다고 한다. 지금도 두 개의 비석이 산모퉁이에 나란히 서 있다. 봉화의 효구총은 인간과 개의 교감을 바탕에 둔 이야기가 아니고, 어미개와 강아지에 관련한 이야기이다. 봉화군 거촌 마을 입구에 효구총이 있으며, 효구이야기는 변씨邊氏 문중에 대대로 전하고 있다. 어미개가 변씨 집안에 충직하여 매우 아낌을 받았는데 강아지를 낳은 뒤 죽고 말았다. 강아지들은 어미개의 죽음을 슬퍼하며 마루 밑에 들어가 나오지 않고 결국은 굶어 죽게 되었다. 이를 가륵하게 여긴 변씨 집안 사람들이 어미개와 강아지의 무덤을 만들어 주고 「효구총」이라는 비석도 세웠다는 것이다. 구전되는 자료 중에는 「경주 최부자네 개무덤」 이야기가 널리 알려져 있다. 이 자료는 일일이 소개하기 번잡할 정도로 다양한 모습으로 변이되어 나타난다. 민담으로 전하는 「주인의 구슬을 찾아온 고양이와 개」 이야기나 「개로 환생한 어머니를 업고 팔도구경한 효자」 이야기는 전래동화나 전설의 고향과 같은 방송극으로도 각색되어 널리 알려진 것들이다.

의견이야기가 남다른 관심을 끄는 것은 몇 가지 이유에서이다. 우선 인간과 개의 각별한 친분이 있어 그렇고, 이야기의 증거물이 개무덤이나 개비석 등 별다르기 때문이다. 그와 관련한 전래 의식이 다양하다는 점도 관심을 끌기에 족하다. 의견이야기는 다른 설화자료와 마찬가지로 증거물과 함께 전한다. 개무덤이나 개비석이 함께 전하는가 하면, 개명당· 개고개· 개좌산· 개비골· 개비모퉁이· 갬비다리개비다리 등 지명과 직접 관련되어 있다. 의견에 관련한 전래의식도 다양하여 흥미롭다. 오수지역의 경우는 매년 4월에 의견제를 지내고 있는가하면, 삼척군 하장면의 의구총에는 선조의 제사 때 별도로 제사를 지냈다고 한다. 봉화군 거촌의 변씨문중에서는 성묘 때 효구총의 벌초를 같이 해오고 있다. 그 가문을 위해 의견이 희생한 집안에서는 그 후손들도 개고기를 먹지 않는다. 의성군 봉양면 장대동 분명부락에서는 개비석이 기우는 쪽에 흉년이 든다고 하여 매번 똑바로 세운다고 한다. 황해도 안악군 남정면의 개비석은 기우는 쪽 부락의 과부나 처녀가 바람난다고 하여 비석을 절대로 흔들지 못한게 한다고 전한다. 전북 김제군 금산면에 있는 귀신사歸信寺는 구신사狗腎寺로 불려지던 사찰이다. 개가 절터를 점지했다고 하며, 지금도 절 뒤에는 구신을 등에 꽂아놓은 석수石獸가 있다. 「개탑」이라고도 불리는 이 석수에 기도하면 아들을 낳는다 속설이 있어 특별히 이 절을 찾는 이가 적지 않다.

의견이야기 속의 개는 인간만이 가지고 있다는 덕성, 즉 지혜· 용기· 의리· 효행을 구비하여 못된 사람보다 낫다는 칭송을 받고 있다. 구전되는 자료의 증거물이나 고문헌 자료의 후반부에 첨부된 기록에는 해당 자료를 통해 도덕적 규범을 일깨우려는 의도가 짙게 깔려 있다. 오수의 의견이야기 뒤에 "사람은 짐승이라 불리는 것 부끄럽게 여기면서도, 큰 은혜를 쉽게 저버린다네. 사람으로서 주인을 위해 죽지 않으면, 개보다 나은 것이 무엇이겠나."하고 첨기한 것이 그 예이다. 이육은 「의견설義犬說」에서 남의 집 어미개가 죽어 강아지가 죽게 되었는데 자기집 어미개가 그 강아지들을 젖 먹여 키우더라는 실례를 들어 칭송하면서 당시 남의 첩이 된 자가 지아비의 자식을 저버림을 개탄하였다.

우리나라에 전파된 많은 의견이야기는 한결같이 인간과 개동물라는 능력의 변별적 차이감을 초월하여 순박하고 정이 많은 한국적 인간성을 말해주고 있다. 이야기 가운데 인간은 실수하는 어리석은 주인으로 나타나 있고, 개는 오히려 지혜로운 행동으로 훗날 인간으로부터 칭송받는 존재로 부각되어 있다. 여기서 우리는 꼭 불교의 "모든 사물이 불성을 갖고 있다一切萬物 悉有佛性"는 심오한 말을 거론하지 않더라도 모든 사물을 인간과 함께 이해하려 한 평범한 한국적 인간성을 살필 수 있다.

한국인, 1993. 5월호

* 이러한 의견이야기가 바쁘게 사는 우리들에게 잊혀진 지는 오래이다. 전국을 답사하다보면 그저 개무덤, 개비석으로만 전해오다 지역개발에 밀려 사라진 것들이 적지 않다. 겨우 남아 있는 것들도 머지 않아 사라질 위기에 있다. 이야기를 전하는 노인도 머물러 있지 않다. 매우 안타까운 일이다. 그런데 김제읍 순동의 의견비는 몇 해 전까지도 방치되던 것이 이에 관련한 주인공 김득추金得秋의 5대손이 나타나 잘 보존되고 있다는 연락을 받고 무척이나 반가웠다.

부산의 여광택呂光澤씨는 최근에 세운 충견비 자료를 보내왔다. 최근의 사실이지만 거기에는 옛사람의 마음이 연면해 있는 것이다.

한국인과 개犬

인간과 개犬는 오래전부터 밀접한 관계에 있었다. 어느 때부터 인간이 개를 기르며 밀접한 관계를 갖게 되었는지는 구체적으로 알 수 없다.대략 신석기 이전으로 보고 있다. 한국인이 일찍부터 개를 가축으로 길렀음은 고구려의 고분 벽화 속에서도 살필 수 있다. 황해도 안악3호고분357년경 축조안의 동쪽 벽화 가운데 부엌 앞마당에서 놀고 있는 두 마리의 개그림이 그것이다. 덕흥리 고분벽화, 무용총 벽화 등에서도 볼 수 있다. 삼국시대부터 조선시대 말까지 그려진 개그림犬圖·狗圖·狗子圖도 40여 점에 이른다. 이처럼 개가 그림에 빈번히 등장하는 이유는 인간에 대한 충성심이 지극하고, 그만큼 친근하게 느껴졌던 동물이기 때문이다.

이같은 친근감 때문인지 몰라도 한국인들은 개를 인간과 상통하는 영감적인 동물로 인식하였다. 우리나라에서는 개가 10년을 넘도록 살면 둔갑을 하는 영물이 된다고 하여 늙은 개를 흉물시하고 꺼려 한다. 그래서 옛 선조들은 개도 상相을 보고 선택하였다. 누런 개가 꼬리 · 귀 · 네 다리 또는 두 앞 발등이 희면이 길상吉相이다. 검은 개로 얼굴 · 두 앞발 · 두 귀 등이 희거나 몸

전체가 흑색인 개는 악령을 잘 쫓는 것으로 생각하였다. 누런 개의 네 다리가 희거나 주둥이가 검거나, 또 흰개의 꼬리가 검거나 두 귀가 누렇거나 한 것은 흉상凶相으로 여겼다. 개가 담 위에 올라가 입을 벌리고 있으면 그쪽 방향에 있는 집에 흉사가 있게 된다고 믿었다. 지붕이나 담 위에 올라가 짖으면 그 집 주인이 죽는 것으로 인식되기도 하였다. 개가 앞마당에서 이유 없이 짖으면 경사의 조짐으로, 개꼬리에 지푸라기가 묻어 있으면, 손님이 오는 것으로 생각하였다. 또한, 개가 풀을 뜯어 먹으면 큰 비가 오고, 떼지어 다니며 딩굴고 기뻐하면 큰 바람이 불어올 징조라고 여겼다.

한국인에게 있어 개의 존재는 긍·부정 양면적으로 인식된다. 우선 부정적인 면을 보자. 우리말 가운데 인간과 개의 관계를 소재로 한 격언이나 속담이 많다. 가령, 본래의 제 천성은 고치기 어렵다는 뜻으로 "개꼬리 삼년 두어도 황모 못된다."고 하며, 평소에 좋아하던 것을 싫다고 할 때 "개가 똥을 마다 한다."고 한다. 귀천을 가리지 않고 벌어서 귀중하게 쓴다는 뜻으로 "개같이 벌어 정승같이 쓴다."고 한다. 이밖에 "개똥도 약에 쓰려면 없다." "개밥에 도토리" "개발에 편자" "개 눈에는 똥만 보인다." 등 수두룩하다. 그리고 우리말의 명사 앞에 '개-'자만 붙이면 여지없이 그 가치가 하락하고 만다. 「개-떡」「개-밥」「개-판」 등등 허다하다. 못된 인간은 곧잘 「개만도 못한」 존재로 비유된다. 한국인에게 개의 존재가 이처럼 부정적으로 인식되고 있음은 개의 속성보다는 인간의 인식 쪽에 문제가 있을 성싶다. 밀접한 관계가 오히려 역설적인 결과를 초래하지 않았나 생각해 본다.

다음으로 긍정적인 예를 보자. 우리나라의 설화 가운데도 개에 관한 이야기가 적지 않다. 최자의 『보한집』에 전하는 「오수獒樹의 의견」 이야기는 여러 고문헌에는 물론, 일제하에서는 보통학교 『조선어독본』에 실렸으며, 지금까지도 초등학교 교과서에 전하고 있다. 현재 전북 임실군 둔남면 오수리의 원동산에는 의견비義犬碑와 의견 동상이 지방민속자료로 보존되고 있다. 경북 선산군 해평면 낙산에 있는 의구비義狗碑에 얽힌 이야기도 유명하다. 이 두 지역의 이야기는 의견설화 가운데 이른바 「불을 끄고 주인을 구한 의견이야기」에 속한다. 경북 하동의 의구총에 얽힌 이야기는 구전과 함께 여러 야담집에 기록되어 전하는데, 내용은 「주인을 죽인 범인을 찾는 데 도움을 주고 따라 죽은 의견이야기」이다. 의성군 봉양면 분명부락에는 열녀박씨의 정려비와 의견비가 나란히 서 있다. 임진왜란 때 왜군의 침입을 피하지 못하고 겁탈 위기를 맞게 되자 자결한 박씨의 시신을 지켜 친지들이 장례 지낼 수 있게 한 공로로 세운 것이다. 봉화군 거촌 마을 입구에는 효구총이 있으며, 효구이야기는 변씨邊氏 문중에 대대로 전하고 있다. 「경주 최부자네 개무덤」 이야기도 전국적으로 널리 알려져 있다. 민담으로 전하는 「주인의 구슬을 찾아온 고양이와 개」 이야기나 「개로 환생한 어머니를 업고 팔도구경한 효자」 이야기는 전래동화나 방송극으로도 각색되어 널리 알려진 것들이다.

한국인들에게 있어 개는 민속신앙의 대상이 되기도 하였다. 주인을 도운 의견에 대한 보답으로 후손 대대로 일정한 의식과 행사를 치르기도 한다. 오수지역의 경우는 매년 4월에 의견제를 지내고 있는가하면, 삼척군 하장면의 의구총에는 선조의 제사 때 별도로 제사를 지냈다고 한다. 봉화군 거촌의 변씨문중에서는 성묘 때 효구총의 벌초를 같이 해오고 있다. 그 가문을 위해 의견이 희생한 집안에서는 그 후손들도 개고기를 먹지 않는다. 의성군 봉양면 장대동 분명부락에서는 개비석이 기우는 쪽에 흉년이 든다고 하여 매번 똑바로 세운다고 한다. 황해도 안악군 남정면의 개비석은 기우는 쪽 부락의 과부나 처녀가 바람난다고 하여 비석을 절대로 흔들지 못한 게 한다고 전한다. 전북 김제군 금산면에 있는 귀신사歸信寺는 구신사狗腎寺로 불려지던 사찰이다. 개가 절터를 점지했다고 하며, 지금도 절 뒤에는 구신을 등에 꽂아놓은 석수石獸가 있다. 「개탑」이라고도 불리는 이 석수에 기도하면 아들을 낳는다 속설이 있어 특별히 이 절을 찾는 이가 적지 않다.

한국인에게 있어 개의 존재는 일찍부터 다른 동물보다도 밀접한 관계 속에서 인식되었으며, 한편으로는 부정적으로, 다른 한편으로는 어리석은 인간보다 우위에서 인식되었다. 특히 의견설화 속의 개는 인간만이 가지고 있다는 덕성, 즉 지혜·용기·의리·효행을 구비하여 못된 사람보다 낫다는 칭송을 받고 있다. 불교에서의 "개에게도 불성이 있다犬有佛性"는 말을 거론하지 않더라도 한국인은 적어도 모든 사물을 인간과 함께 이해하였음을 개와의 관계에서 살필 수 있다.

경인일보, 1994. 1. 1

* 이 글의 절반은 「의견 이야기」와 내용이 중복된다. 이 책에 싣지 않으면, 절반의 내용이 아예 버려질 것 같아서 그대로 둔다. 누군가가 이 글을 바탕으로 문화콘텐츠로 개발할 수 있을 것 같아 남겨두는 것이다.

뇌물과 떡값

요즈음 온 국민의 주된 관심사는 「뇌물」과 「떡값」이다. 연일 보도되는 「뇌물기사」에 눈을 뗄 수가 없는 정도이다. 그야말로 위아래 모두 「뇌물밭」에서 살아왔나 싶다. 그러면서도 자신은 「뇌물」과 전혀 관계가 없는 듯이 생각한다. 자신이 언젠가 무슨 일로 얼마간 받은 돈은 「떡값」이지 「뇌물」이라고는 전혀 생각하지 않는다.

슬롯머신 업자로부터 돈을 받은 것으로 알려진 검찰간부에 대해서 대검 관계자는 여간 고충이 아닌가보다. 「뇌물」을 「떡값」으로 만들자니 그도 그럴 것이다. 받은 돈이 많지 않으면 「뇌물」이 아니고 「떡값」이란다. 법률적으로는 받은 돈이 해당자의 직무에 관련이 있으면 그것은 적고 많고 간에 곧 「뇌물」이 된다고 하였다. 「떡값」은 일반적으로 설이나 추석에 회사 등에서 직원에게 주는 특별수당을 말한다. 처음에는 부정적 의미로보다는 적다는 뜻에서 떡해 먹을 정도의 수당을 말했던 것이다. 요즈음 아이들의 말 가운데 「껌값」도 적다는 뜻에서 쓰인다. 반면, 공사입찰에서 담합하여 낙찰된 업자가 다른 업자에게 나누어 주는 담합 이익금도 떡값이라고 한다. 이는 부정스러운 돈에 해당한다.

검찰간부가 받은 돈이 적어서 「떡값」에 지나지 않는다해도, 그것은 직무에 관련한 한에 있어서는 분명 「뇌물」이다. 받은 돈이 「뇌물」이 아니고 「떡값」이라는 대검 관계자의 말은 더욱 문제가 있다. 굳이 위법 사실을 축소하기 위해 그렇게 말했다 해도 검찰간부가 범법자에게 「떡값」을 받았다면, 그것은 오히려 더 큰 문제이다. 검찰간부는 범법자의 고용인에 지나지 않는다는 이야기로 해석될 수도 있다. 차라리 높은 사람의 입장에서 「뇌물」을 받았다는 표현이 검찰의 위상에 덜 손상이 갈 것이다.

옛날에도 뇌물은 그 사회의 고질적인 병폐였던 것 같다. 이름난 문인들의 글에서 뇌물에 대한 이야기를 심심찮게 읽을 수 있다. 고려 때 문인 이규보는 「주뇌설舟賂說」에서 당대의 사회현상을 다음과 같이 적고 있다.

내가 남쪽 지방을 여행할 때 체험한 일이다. 강을 건너려고 나룻배를 탔다. 마침 내가 탄 배 옆에 또 하나의 배가 함께 출발하였다. 두 배의 크기도 같고 사공의 수도 같으며, 타고 있는 사람과 말의 수도 거의 비슷하였다. 그런데 한참 가다보니 옆에서 떠난 배는 나는 듯이 날아서 벌써 저쪽 기슭에 닿았는데 내가 탄 배는 오히려 머뭇거려서 시원스럽게 달리지 않고 있었다. 옆에 있는 사람에게 그 까닭을 물었더니 "저 배에 탄 손님은 사공에게 술을 먹여서 사공이 있는 힘을 다하여 저었기 때문입니다."고 대답하였다. 나는 부끄러운 빛을 가릴 수가 없었다. 그리고 혼자 탄식하였다. "이 조그만 갈대 잎 같은 배가 가는 데에도 뇌물이 있고 없는데 따라 빠르고 느리고, 앞서고 뒤서는데 하물며 벼슬길에서 경쟁하는 마당에서 내 손에 돈이 없었으니 오늘날까지 하급관리 하나 얻지 못하였던 것이다. 이는 지극히 당연한 일이구나."

기록해 두었다가 훗날 참고로 삼겠다.

조선 성종 때 성현成俔은 「흑우설黑牛說」에서 당대의 뇌물로 인한 병폐를 다음과 같이 기록하였다.

종묘사직의 제사에 검은 소를 희생犧牲으로 바치는 것은 예로부터 내려오는 제도이다. 그런데 희생에 알맞는 검은 소를 구하기란 여간 어렵지 않았다. 따라서 조정에서는 전생서典牲署를 설치하여 그 일을 주관케 하였으며, 희생에 알맞는 검은 소 한 마리를 바치면 말 세 마리를 줄 정도로 값을 후하게 쳐주었다. 이 때문에 희생에 쓸 소를 계약하는 날이 되면 자신의 소를 바치려고 구름같이 몰려들어 관청의 문 앞은 시장처럼 북적거렸다.

용산의 어느 달관達官이 말이 없어 근심하다가 베 20필로 소를 한 마리 샀다. 온 몸이 칠흑처럼 검고 키가 한 길이나 되었다. 사육하는 데 드는 비용을 아끼지 않고 이 소를 잘 길렀다. 이 소를 전생서 관원에게 보이니 아주 훌륭하다고 하였다. 달관은 이제야 말을 얻게 되었다고 기뻐하였다.

며칠 뒤 전생서 제조提調가 관사에서 소를 고르는데, 한 소년이 편지를 올리며 제조에게 귓속말로 뭔가를 알리고는 또 소를 맡은 담당자에게 술을 대접하였다. 이윽고 전생서 관원이 들어와서 먼저 달관의 소를 들여오게 하였다. 제조가 담당자에게 어떠냐고 물으니, "소의 몸집이 우람하기는 하나 병이 들었으니 희생에 쓰이지 못하겠습니다."하였다. 제조가 고개를 끄덕였다.

소년이 소를 몰고 앞으로 나아갔다. 그 소는 작고 비쩍 말랐는데, 담당자는 "소가 비록 작기는 해도 달포쯤 잘 먹이면 희생으로 쓸만합니다."하였다. 제조는 웃으며 그 소를 받기로 결정하였다. 달관이 항의하였으나 소용없었다. 몹시 실망한 달관이 그 소를 도로 팔려고 하니, 모두들 "병이 들어 퇴짜를 맞았으니 농사에도 마땅치 않다."며 사려하지 않았다. 달관은 하는 수없이 결국 반값에 팔고 말았다.

이 이야기를 보면, 조선 성종조에도 뇌물에 따른 문제가 여간 심각하지 않았나 보다. 종묘와 사직의 제사에 쓰이는 희생은 각별히 유의해야 한다. 그럼에도 제조는 간사한 사람의 청탁을 받아들여 무례를 범했다. 이는 단순한 뇌물사건으로 치고 말 것이 아니다. 왕은 물론 하늘을 업신여기며 경건함을 잃어버린, 당대로서는 막중한 죄를 범한 것이다. 그럼에도 하급관리까지 그 같은 짓을 서슴치 않고 범하였던 것이다. 요즈음 검찰간부의 뇌물 사건도 다를 게 없다.

* 이 글을 정리하면서 최근에 대한민국을 뒤집어 놓았던 「바다이야기」 게임기 사건에 청와대 최고위 관리까지 개입되었다는 뉴스를 접했다. 그저 웃을 수밖에 없었다. 어느 나라, 어느 시대인들 뇌물사건이 없었던 적이 있는가? '떡값'을 받은 것에 지나지 않는다고 되려 큰소리나 치지 말았으면…

족부족시족足不足是足

제목이 왜그러냐 할지 모른다. 벽두부터 「쪽(족)부족시족」하니, 혹 불가佛家의 화두話頭가 아닌가 생각하는 이도 있을게다. 그렇게 난해한 말도, 화두도 아니다. 그저 "족하거나 부족하거나 족하다"는 뜻을 지닌 말이다. 송익필宋翼弼이라는 이의 시집에 이같은 제목의 작품이 있다. 첫머리를 "내 나이 칠십에 궁한 골짜기에 누웠노라니 사람들이야 부족하다고 하지만 나는야 족하다." 고 하면서 궁벽한 시골에도 봉우리 위의 백운과 명월·매화·국화가 있어 족하다고 했다. 백발이 머리에 가득하니 나이도 족하다고 하였다. 실제, 그는 종의 신분으로 전락하기도 했던 터라 모든 것이 부족하고 불만투성이의 삶을 살았다. 그렇지만, 어떻게든지 이처럼 뒤집어 생각하며, 불만을 만족으로 여기며 평생 동안 마음 편하게 살았다. 낙천적이기보다는 달관했던 인물이라 할 수 있다. 그러기에 신분이 비천함에도 유림들의 추앙을 받고 있다.

그렇지 않은가. 세상사 마음만 바꿔 먹으면 부족하여 불만할 것이 없다. 명동성당 담장 한 모퉁이에 엎드려서 구걸하는 이의 등 뒤에 이런 구절을 붙여 놓은 것을 본 적이 있다. "내게 구걸할 수 있는 이 한 팔이 있다는 것만으로도 행복하다." 자세히 보니 그에게 남아 있는 건 몸뚱아리와 왼팔뿐이었다. 그런데도 그는 행복하다고 했다. 그때 나는 두 팔, 두 다리를 멀쩡히 갖고 길을 걸으면서도 불만스러워했다. 나는 가끔 길을 걸을 때마다 소음을 내며 지나는 차를 보고 얼마나 불만스러워했는지 모른다. 내가 차를 몰고 다닐 땐 길이 막혀 또한 불평했다. 남들이 갖지 않은 것을 갖고 있으면서도 불만했다니, 이 아니 어리석은가. 이제는 남들도 다 갖고 있어서 더욱 불만이란다.

예전엔 모든 것이 부족해서 불만이었다. 그런데 지금은 부족해서보다는 족해서 불만인 것이 너무 많다. 한 예로, 먹을 것이 없어 무척 고생스러웠는데, 지금은 먹고 남는 음식쓰레기 때문에 골칫거리다. 그래서 불만이다. 장난기 어린 말이지만, 어떤 이는 불만이 없어 불만이라나. 왜들 그렇게 불만이 많은가. 그것은 족함을 느끼지 못해서이다. 족함은 많고 적음에 있지 않다. 오직 생각하는 이의 마음에 달려 있을 뿐이다. 우리처럼 평범한 사람들은 부족한 것에서 족함을 느끼기란 어려운 일이다. 그러나 최소한 족한 것에서 족함을 느낄 수는 있어야 하지 않는가. 내 주위에 모든 존재하는 것들이 있어서 족하다는 생각을 가졌으면 어떨까? 그리고 족하든 부족하든 그런 것들 때문에 행복하다는 사실도 함께 발견했으면 좋겠다.

경인일보, 1996.11.30

인장印章과 낙관落款

우연한 일로 용인시 향토사료전시관을 찾았다. 항상 열려 있어서 많은 이들이 찾아와 관람할 수 있는 곳이어야 하는데, 전혀 그렇지 않다. 상주 공무원이 있어 관람을 돕고 있지만 찾는 이가 없다는 것이다. 몇 년 전에 이곳의 전시유물도록을 제작한 바 있는 내겐, 그 같은 이야기가 왠지 석연치 않게 들렸다. 도록圖錄을 만들었던 이유도 관람인들의 이해를 돕기 위해서였는데 말이다. 용인시 문예회관 한 구석에 자리한 이곳에 들르면, 용인시의 전통문화를 보여주는 자료가 제법 많이 전시되어 있다. 「처인성의 항몽대전도」가 한 쪽 벽면을 채우고 있고, 포은 정몽주 선생의 영정이 걸려 있다. 전시대에는 갖가지 물건이 전시되어 있다. 대부분 용인시 지역에서 수집된 자료이다. 이 가운데 인장과 낙관 몇 점이 눈에 들어왔다. 누군가가 평생 소중하게 간직하고 사용했을 것이다. 새삼 내 주머니 속의 도장을 꺼내 들었다. 비교해 보니 초라하기 그지없다. 서화書畵에 곁들여 찍었을 인장과 낙관은 그 자체가 예술 작품이다. 그저 일상의 서류나 통장 속의 예금을 찾을 때 찍는 요즈음의 도장과는 차원이 다르다. 얼른 주머니에 집어넣었다. 그리고 전시대의 설명을 눈 여겨 보았다.

“인장은 본래 정치에 있어서 신물信物 또는 신절信節로서의 의미가 있었다. 우리나라에서는 단군신화에 나오는 고조선 시대의 천부인天符印이 가장 먼저 나타나는 도장이라 할 수 있다. 나라에서는 공문을 하달할 때 그 의지나 책임을 나타내는 신표로서 도장을 사용했던 것이다. 도장圖章을 인장印章·인감印鑑·새璽·장章·주기朱記 등으로 불려진다. 「인印」에는 「눌러 찍는다」는 의미가 담겨 있다. 재료도 금·은·옥·구정·돌·나무·뿔·뼈 등이 사용된다. 사용하는 목적에 따라 달리 부르기도 한다.

낙관落款은 서화를 완성한 뒤에 작자의 이름과 장소 등을 기록하는 것으로, 넓은 의미에서는 작가의 서명 도장이다. 청동기 시대 「새긴 글자」라는 뜻의 「관지款識」에서 유래한 이름이다. 이러한 관지를 화면에 눌러 찍는 행위를 「낙성관지落成款識」라 한다. 낙관은 이 말을 줄여 사용한 말이다. 보통 음각으로 새긴 백문白文의 성명인姓名印을 찍고, 그 밑에 양각으로 새긴 주문朱文의 호인號印을 찍는다.”

도장을 찍는다는 행위는 이미 작성한 서류나 서화에 자신의 의지나 책임을 표명하는 것이다. 위정자爲政者를 대신하는 절대적 권위의 표상이었던 도장이 지금은 누구든지, 아니 필수적인 것이 되었다. 그 같은 과정에서 권위나 신용도도 하락하였다. 요즈음 우리 학생들은 도장을 어떻게 생각하고 있을까? 이젠 예금 인출 때도 필수적이지 않다. 신용카드가 있으니까. 수강신청에도 필요하지 않다. 전산처리로 이루어지고 있으니, 그래선지 많은 일에 의지나 책임감이 없어 보인다. 결정해 놓은 일을 수없이 번복한다. 그러고도 미안한 감도 느끼지 못한다. 도장을 찍는다는 행위 자체가 「의지나 책임의 표명」이라는 사실을 다시 생각해보자. 작은 전시대에 놓인 인장과 낙관 몇 점이 더욱 가치 있게 느껴진다.

강남학보, 1997.12. 1.

침은 씻지 않아도 저절로 마른다

누공婁公은 무후武后때 벼슬이 평장사에 올랐다. 그는 성품이 곧고 너그러웠으며, 조심성이 있었다. 그의 아우가 대주代州의 자사刺史로 떠날 때 사덕이 이르기를, "나는 재사요, 너는 자사가 되었으니, 영화가 지나쳐 다른 사람들이 질투할 것이다. 어떻게 해야 질투를 면할꼬?" 하니, 아우가 말하였다. "다른 사람이 나에게 침을 뱉더라도 나는 씻어내고 그대로 있어 형에게 누가 되지 않게 하겠습니다."하였다. 사덕이 말하길, "이것이 내가 걱정하는 바이다. 침을 뱉으면 너에게 화를 낸다는 것이다. 침을 씻으면 그 뜻을 거스리는 것이다. 마땅히 그냥 있어라. 침은 씻지 않아도 저절로 마른다." 하였다.

『당서唐書』「누사덕전婁師德傳」에 나오는 말이다. 누공은 누사덕婁師德, (630-699)이다. 그는 당唐나라때 정주鄭州 원무原武 사람이다. 자는 종인宗仁이다. 이름이 '師德' 즉 "덕을 스승으로 삼는다."는 뜻이요, 자字는 '宗仁' 즉 "인을 으뜸으로 삼는다." 뜻에서 취하였다. 그가 어떤 인물이었는지는 이름과 자에서도 짐작이 간다. 진사 출신인 그가 무후武后 때 벼슬이 평장사에 올랐다. 일약 높은 벼슬에 오른 그는 매사에 조심하였다. 남의 구설수에 오르기 쉬운 자리였기에 더욱 신경을 썼다. 그러던 중 아우가 대주의 자사로 떠난다며 작별 인사를 하러 왔던 것이다. 형제가 함께 높은 벼슬에 있으니, 남의 주목을 받을 것이다. 더욱이 형이 평장사에 있을 때 아우가 자사되었으니, 그들을 질시하는 자가 없지 않았을 것이다. 아우가 말한 것처럼 남이 자기에게 침을 뱉어도 참아내며 그냥 씻고 말겠다는 것도 대단한 인내심이다. 보통 사람이 그 같은 치욕을 참아내겠는가. 그 정도면 남의 훼방도 면할 수 있을 것이다. 그런데도 누공의 생각엔 미치지 못하는 행동이다. 그의 말대로 침을 뱉는다는 것은 매우 화를 낸다는 뜻이다. 그 침을 씻어낸다는 것은 화를 낸 사람의 뜻을 거스리는 행위이다. 그러니 침을 뱉은 사람은 더욱 화를 낼 것이다. 침 뱉은 사람의 입장에서 보면 씻지 않고 그대로 있는 것이 질책을 순종하는 모습일 것이다.

침을 씻지 않고 그대로 있을 수 있는 누공의 덕德과 어짐仁을 나는 항상 머릿속에 키우고 있다. 개인적으로는 나의 장인이요, 교육자로선 선배이신 지운(之雲) 선생께서 우려하시면서 일깨워 주신 말씀도 그러했다. "남의 입장에 서서 생각하면 크게 벗어나지 않을 것이요, 참아내는 것이 최선이다." 고 말씀하셨다. 매일 이루어지고 있는 집단회의, 개인 면담, 결재 같은 공무(公務)도 편협한 나 자신의 관용을 벗어나기 일 수이지만, 누공을 생각하면서 웬만하면 참아낸다. 집 안의 일도 마차가지이다.

요즈음은 "직위에 따라 인품이 달라진다."는 세인들의 이야기가 귓전을 간지르는 때도 있다. '자리에 걸맞는', 아니면, 체면 때문에 남에게 그런 모습을 짐짓 보였는가 생각해본다. 그럴 때면, 나는 다시 '내 자리'로 돌아와 앉는다. 경천관 연구실에 돌아와 앉아 누공이 아우에게 깨우친 말을 음미해 본다.

남이 내게 침을 뱉으면 어떻게 할 것인가? 아우의 말처럼 화내지 않고 씻어내는 것이 적당한 관용이 아닐까? 누공처럼 침 뱉은 사람의 뜻을 받아들여 씻지 않고 그대로 있음이 당연한 일이었을까? '침 뱉은 행위'보다는 '질책의 뜻'을 진심으로 받아들이라는 누공의 가르침이 역시 현명했음을 다시금 확인한다. 그때서야 다시 직무실로 되돌아와 앉는다. 더욱 낮은 자리에 앉아야겠다는 다짐과 침 뱉은 사람의 뜻을 꼼꼼히 명심한다.

1998.5.19.

두만강 푸른 물에 노젓는 뱃사공은 어데가고

그것은 탈출이었다. 일상으로부터의 도피였다. 한 해를 갈무리하는 12월 셋째 주는 누구에게든지 바쁜 주간이다. 항상 생각뿐이었던 짓을 이번에는 해내고야 말았다. 한 해 동안 벌여 놓은 일이 연말에 이르자 붕괴되는 산처럼, 터진 봇물처럼 내 작은 몸에 밀려 닥쳤다. "웬만해야 몸으로 때우지" 하는 두려움이 나를 중국 땅으로 도피케 한 것이다. 그곳은 넓어, 나 하나쯤 숨을 곳이 있으리라는 생각도 없지 않았다.

12월 셋째 주 첫날에 가방 하나 달랑 들고 떠났다. 아는 사람은 다 알듯이 15년 만에 겨우 얻은, 백일도 안된 딸아이도 내버려둔 채 떠났다. 그래도 하나도 아쉽지 않았다. 비행기를 타고서야 너무했나 싶었다. 갖췄어야 할 물건조차도 없었다. 여권과 달러 몇 장이 고작이었으니, 평소엔 그래도 치밀하다고 얘기 듣던 내게는, 만용도 아니요, 정신 나간 짓이었다.

처음 내린 곳은 심양 땅이었다. 3시간을 기다려야 연변행 비행기를 탈 수 있었다. 내리자마자 느껴진 것은 하늘을 꽉 채운 석탄 연기와 가스냄새뿐이었다. 이곳은 드넓어 공기만큼은 상큼하겠지 하는 기대마저 깨졌다. 겨우 참아내고는 다시 연변행 비행기를 탔다. 창 밖으로 별을 볼 수 있으려니 해서 고개를 내밀었지만 보이지 않았다. 아이 같은 생각을 했다. 별보다 더 높이 떠 있나. 아하! 별은 땅에서만 올려다 볼 수 있는 거지. 연변공항에 내리자마자 하늘을 보았다. 아! 거기엔 별이 있었다. 더욱 또렷하게 보였다. 약간 춥다는 느낌이 들었지만, 그것이 더 좋았다. 멍청했던 머릿속에 신선한 충격을 가했던 것이다. 컴컴한 공항 마당에는 택시가 뒤엉켜 있었고, 마중 나온 이들이 아우성이었다. 처음 만나려는 이는 피켓을 들었다. 제 딴에는 곱게 차린 여자들이 누군가를 기다리고 있는 모습도 눈에 띄었다. 연변에서 누가 나를 기다리겠는가. 그래도 기다렸다. 별을 보며 한참을 기다렸다. 누구라도 나왔으면 좋겠다는 생각이 들 때였다. 동행한 김사장이 가방 끈을 당겼다. 누군가 마중을 나왔고, 서로는 반갑게 악수하고, 차까지도 대기해 놓았다.

연변에서의 저녁은 충격적이었다. 이끌려 갔던 그곳엔 '위대한 영도자 김일성 동지'의 초상이 걸려 있었고, 복무원 모두는 가슴에 뺏지를 달았다. 예쁜 아가씨들도 그랬다. 지도원 동지가 방을 안내하고, 복무원 아가씨가 차림표를 보이며 식사를 권했다. 각자 좋아하는 음식 하나씩 선택케 하는 방식도 새로웠다. 시장한 참인데도 술을 먹고서야 밥을 먹는 이곳 관습(?)이 곤혹스러웠다. 더욱 충격적인 사실은 복무원 아가씨들의 미모와 맵시요, 환영한다고 불러주는 「만나서 반갑습니다」 「휘파람」 「또다시 만납시다」 등등의 노래였다. 처음 겪는 일이었기에 잠자리에서도 생생하였다.

연변 아침의 메스꺼운 공기가 잠을 깨웠다. 자다가 가스중독이 아닌가 하고 창을 열려 했지만 아예 봉해졌다. 샤워를 하고서야 놀란 가슴이 진정되었다. 이 날 아침엔 연변도서관을 들렀다. 도서관 곁에 세워진 루쉰의 동상이 눈에 띄었다. 잠시 묵상에 잠겼었다. 우리나라에선 문학가의 동상이 도서관 앞에 세워진 것을 보지 못했기 때문이다. 생각 외로 많은 직원과 이용자, 장서가 인상 깊었다. 조선문 책자를 관심 있게 조사하였다. 하루종일 메스꺼운 석탄 연기 속에서 장서를 뒤지는 일도 여간 고생이 아니었지만, 다시는 그러한 기회가 없을 듯 싶었다. 책 속에서 하루를 보냈다는 사실도 괜찮았다. 책 속에 숨어 있으니, 남도 나도 알지 못하고, 그야말로 '서은書隱'이랄까.

다음 날 일찍이 들른 곳은 길림시에서 30분쯤 벗어난 용정이었다. 윤동주의 유적지를 답사하기 위해서였다. 전날 저녁에 만나서 술자리를 같이했던 연변대학 권교수의 설명을 기억하며 여러 곳을 방문하였다. 러시아산 지프차를 타고 언덕길을 올라 산중턱에 서서 보니 공동묘지였다. 차가 멈춘 곳에서 얼마 안가 윤동주의 묘소가 있었다. 다른 묘소보다는 정리된 모습이었지만 그래도 여전히 쓸쓸하였다. 앞서 누가 다녀갔는지 소주잔이 묘비 앞에 놓였었다. 일행 셋이서 참배하고 또 이야기를 나누었다. 작년 여름에 한국의 학자들이 성금을 내어 윤동주 시비를 건립했었는데, 지금은 그 비석을 땅에 묻어두었다는 것이다. 중국 정부로부터 제재가 있어 어쩔 수 없었다는 이유이다. 이곳에서 제 버릇 남줄 수 없다는 생각이 들었다. 남들은 윤동주 묘비 앞에서 사진 촬영이 고작일 것이다. 그런데 나는 묘비 뒤의 음기를 일일이 조사하고 탁본하지 못한 것을 여간 섭섭해하지 않았다. 산에서 내려와 들른 곳은 명동교회였다. 이곳에서 명동촌장 송씨와도 만났다. 이 사람이 윤동주의 유적지를 관리하는 사람이다. 처음에는 귀찮은 듯이 안내하더니, 헌금함에 중국돈 백원을 지불하고 나니 돌연 태도가 달라졌다. 없다던 안내책자를 가져다주고, 별별 이야기를 꺼내면서 말수가 많아졌다.

윤동주의 시 가운데 「십자가」가 생각났다.

"쫓아오든 햇빛인데 \ 지금 교회당 꼭대기 \ 十字架에 걸리었습니다. \ 尖塔이 저렇게도 높은데 \ 어떻게 올라갈 수 있을까요"

이 시를 읊조리다 밖으로 나와서 십자가를 찾았다. 그런데 웬걸. 교회 건물엔 십자가가 없었다. 이유를 물은즉 정부에서 허락하지 않기 때문이었다. 십자가가 없는 건물은 그저 일반 가옥과 다를 바 없었다. 한국 학자들의 성금으로 복원된 윤동주의 생가도 방문하였다. 이어서 일송정과 윤동주가 다녔다는 용정중학교를 들렀다. 연변으로 귀환하는 길에는 밤하늘의 별을 헤면서 윤동주의 「별헤는 밤을」을 읊조렸다.

마지막 날에 들른 곳은 길림성의 끝이요, 북한지역과 연결된 도문이다. 이미 사진으로 보았던 터요, 더욱이 저쪽 사정이 워낙 나빠서 왕래조차 뜸하다는 정보까지 들었기에 별다른 관심은 없었다. 그래도 직접 두만강을 본다는 사실이 마음을 끌었다. 일부러 택시를 대절하고 안내양까지 동원해서 장도에 올랐다. 두 시간 정도 달려야 도착하는 먼 거리였지만, 이런저런 이야기로 때우다가 약속이나 한 듯이 "두만강 푸른 물에 노 젓는 뱃사공~ "을 합창하게 되었다. 노래가 채 끝나기도 전에 안내양이 말을 걸었다. "선생님 두만강 봤어요?" "아뇨" "그런데 푸른지 검은지 어떻게 알아요?" "왜요?" "있죠 한국에서 온 사람들 백이면 백 다 이곳에선 두만강 푸른 물에 노래해요. 그리구요 두만강 보고는요 하던 노래도 말고 그냥 가재요" 설마하는 마음으로 도문까지 갔다. 아무런 생각 없이 차에서 내리려니 문이 열리지 않았다. 언제

밀려 왔는지 상인들이 차를 에워쌌다. 줄잡아 20여 명은 되었다. 마치 스타를 에워싼 오빠부대였다고나 할까. 어떻든 놀라지 않을 수 없었다. 그들은 "같은 조선족끼리 도우며 삽시다." "우리 애들 굶고 있어요" "뭐든지 다 있어요" 하며 줄곧 쫓아다녔다. 안내양은 "항상 이래요"하면서 별 관심을 두지 않았다. 겨우 숨을 돌려 두만강을 찾아보았다. 그런데 기대했던 두만강은 보이지 않았다. 커다란 다리가 있고, 입구엔 군복차림의 병사들이 청소하고 있었다. 반대편에서는 아무도 보이지 않았다. 의아해질 수밖에 없었다. 안내양은 당연하다는 듯이 "조게 두만강이야요" "개울 같지요" "여기서 사진이나 찍고 가요" 독촉하였다. 떠날 때는 두만강가에서 "두만강 푸른 물에 노젓는 뱃사공~ "을 부르리라 다짐했었다. 그런데 지금은 뱃사공은커녕 물도 말라 없었다. 있다 해도 상류 쪽에서 공장 폐수가 흘러 검은 물이 흐른다는 것이다. 우리가 도문에 머문 것은 십분도 안 되었다. 누구든지 두 시간 이상을 달려와서 이렇게 돌아간다고 한다. 이날 밤 연변의 노래방에서 송별회를 가졌는데, 누구도 "두만강 푸른 물에~"를 부르지 않았다.

연변에서의 일정을 마치고 북경으로 옮기고자 공항으로 나왔다. 우리가 타고 온 비행기가 이곳에서 북경으로 운항하기 때문에 도착한 시간에 다시 돌아가는 우연을 맛보게 되었다. 첫날 연변 공항에 도착했을 때 마중 나왔던 이들의 모습을 다시 머릿속에 떠올렸다.

「컴컴한 공항마당에는 택시가 뒤엉켜 있었고, 마중 나온 이들이 아우성이었다. 처음 만나려는 이는 피켓을 들었다. 제 딴에는 곱게 차린 여자들이 누군가를 기다리고 있는 모습도 눈에 띄었다.」

그들이 왜? 누구를 기다리는지를 그때서야 눈치챘다. 커다란 기대를 했던 것도 아닌데, 연변에서의 일정은 즐겁지만은 않았다. 통일 후에 다시 만나자던 청진 출신의 복무원, 같은 조선족끼리 돕고 살자던 도문의 여인네들, 한국에서 꼭 뵙고 싶다던 노래방의 김양, 초청해 달라고 간청하던 권교수. 그들이 왜? 나를, 한국에서 온 사람을 기다리는가? 두만강가에서 목 놓아 노래나 하고 돌아오겠다던 나를, 그들이 왜 붙잡으려 하는가. 이곳에서 도피하듯 그곳을 갔지만, 오히려 그곳에서 탈출하듯이 떠나야 했음이 못내 아쉬웠다.

강남문화4집, 1996.1.4

안다는 것

어디 가든지, 누구에게든지 길을 묻는 것은 어렵지 않다. 혹 모르는 이에게 물어서 대답을 못 얻어도 미안할 게 없다. 말해주지 못한 이가 오히려 미안해 한다. 그런데, 모르는 이에게 "IMF를 아느냐?"고 물었다 하자. 그쪽에선 "웬 미친놈이!" 또는 "당신 기자요?" 할 것이다. 모르면 물을 수 있지 않는가? 그런데도 화를 낸다. 왜 그렇겠는가. '당연히 알아야 할 것'과 그렇지 못한 것에 원인이 있을 것 같다.

길을 가면서 그 길을 모른다면, 음식을 먹으면서 그 이름을 모른다면, 옷을 입고서 그 천을 모른다면 이상한 일이다. 그런데도 우리들 주변의 많은 사람은 거의 모르고 있다. 길에는 안내 표지판이 있으면 되고, 음식은 맛이 있으면 되고, 옷은 멋지면 그만이다. 몰라도 묻지 않는다. 알 필요조차 느끼지 못한다. 그러니 알 수 있겠는가. 모르는 것에 부끄러움을 느끼지 않는다. 고깃집에 가서 여러 가지 채소를 먹노라면 10가지 중에서 서너 가지 이름도 모른다. 그래도 부끄럽지 않다. 봄이면 길가에 피는 꽃이름을 몰라도 부끄럽지 않다.

그 같은 사람들이 정치· 경제 쪽엔 모두 박사이다. 지방자치단체장의 선거를 앞둔 며칠 사이에 후보자들의 인물평이 난무하다. 누구는 어떠해서 안 된다. 누구는 재산이 지나치게 많다. 누구는 여자관계가 복잡하다. 후보자나 선거 운동원을 빼고 도처의 이야기 가운데 "이 사람이 돼야 한다."는 말은 듣지 못하였다. 그런데도 그들은 누구든 한 사람은 찍는다. 그러고서는 말한다. 자신이 찍은 사람이 꼭 되더라고.

어떤 이는 경제 전문가이다. 그가 경제학을 연구한 사람도 아닌데, 각 기업의 경영 상태나 재무구조는 훤히 꿰뚫어 본다. 그가 그 기업의 주식을 갖고 있는 주주도 아닌 데 관심이 지나치다. 어떤 이는 연예계의 전문 평론가이다. 웬만큼 얼굴이 알려진 연예인들은 사생활을 훤히 안다. 그가 매니저가 아닌데도 어찌 그렇게 잘 아는지 놀랄 정도이다.

그런데 그들이 모르는 것이 있다. 꼭 알아야 할 것을 모르는 것이 너무 많다. 우선 '자기'에 대해서 아는 것이 거의 없다. 왜 자신이 지금의 그 길을 가고 있는지조차 모른다. 더욱 모르는 것은 3대조만 거슬러 올라가도 자신의 가계를 아는 것이 없다. 그가 어느 가문의, 시조 누구의 몇 대손인가를 물으면 얼굴이 붉어진다. 요즈음 세상에 그 따윈 알아둘 필요가 없다는 투다. 당대 연예인의 사생활을 훤히 들여다보는 그가 그런 이야기만 나오면 자리를 일어선다.

「안다는 것」이 무엇인가

무엇이든 다 알기만 하면 좋은 것일까? 많이 알면 그만큼 좋은 것일까?

'알아야 될 것만 안다'는 것이 쉽지 않은 일이다. 무엇을 알아야 할지 그것을 알아야 하니까 결국은 다 알고 난 뒤에야 가능한 일이다. 어차피 다 알 수는 없는 것이다. 그러니, 최소한 꼭 알아야 할 것은 알자는 것이 아닌가. 우선 '자신'을 알자. 소크라테스도 '너 자신을 알라'고 하지 않았는가. 유가에서 말하는 극기복례克己復禮도 자신을 우선 알자는 것이다. 그러고 나서 예禮를 회복하자는 것이다.

우선, 자신에게서 가까운 것부터 알아 나가면 되리라 본다. 멀리 떨어져 있는 것은 몰라도 덜 부끄러운 일이다. 먼 타지방에서 길을 몰라도 부끄러움이 없지 않은가? 그런데 자신에게 가까이 있는 것을 알지 못하면 언제든지 얼굴이 달아오른다. 그러니 가까이 있는 것부터 알자. 지금 먹고 있는 채소 이름이나, 걷고 있는 길의 이름을 알자. 지금 보고 있는 장미꽃 이름이라도 알자. 수백 종의 장미꽃 가운데 아는 이름을 말해 보라면 답하는 이가 거의 없다. 모든 지식은 가까운 것에서부터 알아지는 것이다. 내 가까이 있는 것을 많이 알수록 괜찮은 사람이 된다.

1998. 6. 2

발을 그리는 화가

가끔 보는 TV 프로그램 가운데 가슴을 뭉클하게 하는 경우가 많아졌다. 이산가족이 오랜 뒤에 해후하는 광경을 보면 눈시울이 붉어진다. 콧등이 시큰하다. 나이를 먹으면 여려진다더니 그래서인가. 어쨌든 메말랐던 감성이 되살아나는 듯하다.

이상한 화가가 화면에 나타났다. 아직은 미혼인 여자요, 제법 곱상한 자태인데 구두통(?)을 메고 다니며 그림을 그린다. 아무런 장소에서 '발을 그려주겠다'고 제안하고 허락하면 서슴지 않고 무릎을 꿇어앉은 채 구두통 위에 도화지를 놓고 그 위에 상대방의 발을 댄 다음 테두리를 그린다. 어렸을 때 종이 위에 손이나 발을 올려놓고 자신의 손발을 그린 것처럼 그린다. 그것이 미국에서 유학하고 이름도 널리 알려진 젊은 화가의 작품이란다. "참 웃기는 일이다" 그런 것이 작품이라니. 하도 기가 차서 끝까지 확인해 볼 생각으로 가까이 가서 뚫어지게 보았다. 설치미술을 전공한다는 작가이다. 작품 전시회를 컨테이너 박스에서 한다. 이상한 전시회라 호기심이 발동하여 왔는지, 아니면 친분 때문에 왔는지 몇 사람이 그 안에 초대되었다. 작가를 가운데 두고 빙 둘러앉아 모닥불을 쬐고 있다. 모두들 발을 들어 모닥불 가까이 대고 흔들며, 또는 마주 대며 이야기를 나눈다. 그런데 그림은 보이지 않는다.

미술 전시회인데 그림이 없다. 그럴 수 있는가. 더 궁금하였다. 혹시라도 내가 잘못 본 것이 아닐까 하였다. 작가의 설명을 듣고서야 그 자체가 미술작품이라는 사실을 알았다. 모닥불에 어우러진 발들의 교감과 조화, 그것이 작품이었다. 액자 속에 갇힌 죽은 그림이 아니라 우주 공간 전체를 액자로 담은 살아 있는 그림이었다. 그것은 우리가 기억 속에 소중하게 담은, 그리고 언제나 생각해 보면 정겨운 모습이었다. 작가는 우리의 기억까지 그려냈으며, 거기에다 '이야기'까지 그렸다.

그제서야 보이지 않는 것, 움직임, 소리까지 그려내는 그 작가가 위대해 보였다. 왜 외국 미술평론가까지 그를 높이 평가하는지 이해가 갔다.

나를 감동케 한 것은 그의 이 같은 미학美學뿐만이 아니다. 그에게는 철학이 있었다. 구두통을 메고 거리를 나서며 만나는 이들은 대부분 서민이다. 소박한 소시민이다. 그들 앞에 정중히 무릎을 꿇는다. 발을 그리자면 그럴 수밖에 없다. 상대방의 발을 다정히 감싸 쥐고 발바닥의 본을 뜬다. 가장 '낮은 자세'로 사물에 임하는 것이다. 그에게 있어 대상물은 위대하다. 여느 작가처럼 위에서 내려보며 그리는 것이 아니라, 맨바닥에 정중히 무릎을 꿇고 어깨는 아래를 향한 채 머리만 살포시 올려 위대한 대상물을 공경하는 마음으로 응시한다. 그의 입가엔 미소가 담아 있었다. 굴욕을 참아내려는 억지의 웃음이 아니라 절대자 앞에 기도하는 성직자의 밝은 웃음이 있었다.

낮은 데로 임할 수 있는 사람, 그의 대상을 위대하게 인식하는 사람,

그런 작가이기에 그는 찬사를 받아 마땅하다. 분명 '발을 그리는 화가'의

이야기는 또 다른 '나의 길'로 이끌어준 계기가 될 것이다.

1998. 12. 12.

아내의 발을 씻어주다

CF광고에 이런 모습이 있다. 밖에서 일하고 들어온 남편을 반가이 맞아주며 아내가 남편의 발을 씻어주며 말한다.

"여보 고생 많았죠?"

이에 남편은 답한다.

"고생은 뭘, 당신이 집에서 더 많이 고생했지"

딸아이가 옆에서 지켜보며 말한다.

"엄마는 아빠가 힘드셨을 거라고 말씀하시는데, 우리 아빠는 엄마가 더 고생했을 거래요"

이 얼마나 흐뭇한 광경인가. 요즈음의 생활과는 전혀 다른 데도 어색하지 않고 정겹기 만하다. 세숫대야에 물을 떠다 남편의 발을 씻어 주는 아내의 모습이 어색하지 않다. 늘상 그렇게 생활한 것처럼 느껴진다. 그러나 따지고 보면 지금은 그렇게 사는 사람이 몇이나 될까 할 정도로 희귀하다.

요즈음 사람들은 숨가쁘게 피곤한 몸으로 귀가해서는 욕실에서 샤워를 한다. 모든 것이 그 안에 마련되어 있으니 도움이 필요 없다. 때에 맞춰 속옷이라도 챙겨주는 정도면 화목한 가정인 셈이다. 맞벌이가 대부분이니 누가 누구를 기다렸다가 챙겨줄 수가 없다. 벗어 놓은 옷이 그대로 다음날 아침까지 있다. 저녁조차 함께 할 수 없을 정도로 따로 논다. 어떤 날은 밤늦게 귀가하고 보면, 아이는 다음날 아침에 "아빠 언제 왔어?" 인사한다. 이 정도도 요즈음은 비교적 괜찮은 가정이다.

이렇게 살면서도 결혼기념일을 꼭 챙기려는 아내들의 심사가 의심스럽다. 마치 결혼해준 것에 대한 보답으로 매년 챙겨야 될 의무랄까? 심한 경우, 피해자에 대한 보상처럼 느껴지기도 한다. 결혼기념일에 남편을 챙겨주려는 아내는 몇이나 될까?

시민대학 강의를 하면서 아내들에게 질문한다. 결혼기념일에 뭘 받고 싶으세요? 장미 100송이를 받고 싶다는 층은 결혼한 지 10년이 안된 아내들이고, 귀금속 액세서리를 받고 싶다는 층은 10년쯤 되는 아내들이다. 그 이상은 옷이나 현금을 선호한다. 외식이나 여행은 필수란다.

남편에겐 무엇을 선물했어요? 대부분의 아내들은 그저 웃는다. 넥타이 정도라도 선물 받은 남편은 그나마 대접받는 셈이다.

"돈 안 들고 감동 주는 선물을 가르쳐 드릴께요"

"무엇이냐고요?"

남편의 발을 씻어주고 발톱이라도 깎아주세요. 이젠 배가 나와서 그런 일도 힘들어졌으니까. 정말 고마움을 느끼겠죠. 아내의 발을 씻어주는 것도 퍽이나 감동적일 거예요. 오늘 당장 해보세요.

1998. 12. 20.

상해에서

세 번째 방문하는 상해이기에 처음부터 큰 기대는 없었다. 그럼에도 포동 신시가지의 모습과 외탄의 야경은 지난 번의 경이로움을 그대로 실감할 수 있었다. 동방명주의 기념탑에서 내려다 본 경관 또한 새로움을 금할 수 없다. 역시 중국은 거대함을 우선으로 하는 민족임을 느낄 수 있었다. 아쉬웠던 것은 적지 않은 경비를 투입해서 30분 정도 머물고 내려와야 했던 일정이다. 대강 점찍어 놓고 온 느낌이다. 1층에는 상해의 옛 모습과 서민들의 생활모습을 재현해 놓은 전시관이 있었음에도 관람하지 못했다. 일본에서 여행 온 소학교 학생들이 줄을 서서 입장하는 모습을 보고, 뭔가 씁쓸한 감정을 가눌 수 없었다. 단지 탑에 올랐다는 사실에 만족하는 우리들의 모습과, 교육적인 가치까지 고려했던 일본인들의 모습이 대조적이었다.

항상 그랬듯이 동아시아 지역을 방문할 때는 한국, 일본, 중국을 대비하지 않을 수 없다. 그때마다 느끼는 것은 일본인들이 우리보다 앞서서 먼저 지나갔다는 아쉬움을 느낀다. 필리핀, 태국, 몽고, 월남에서도 그들이 한 발 앞서서 지나갔음을 느꼈었다. 상해에서만큼은 그러한 느낌을 떨칠 수 있었던 곳이 있었다. 바로 임시정부청사와 홍구공원이다. 처음 방문할 때는 설렘에 반해 실망감이 컸었다. 김구선생의 집무 공간 한 칸만이 초라하게 공개되었을 뿐이다. 물론, 지금처럼 영상자료나 전시자료도 별반 없었다. 김구주석이 사용했다는 의자에 앉을 수 있을 정도로 관리가 허술하였었다. 두 번째 방문 때는 적극적으로 홍보하여 성금을 거둘 때였다. 100불을 개인적으로 선뜻 냈었다. 그리고 호텔에 돌아와서는 혹시나 중국 사람들이 돈을 가로채는 것이 아닐까 우려도 했었다. 지금 방문해 보니 그때의 우려는 어리석은 짓이었다. 지금의 모습은 그래도 자긍심을 가질 만했다. 상해를 방문하는 한국인들은 빠짐없이 이곳을 들른다고 한다. 이 얼마나 뿌듯한 일인가. 외국에서 짧은 시간이라도 조국을 생각할 수 있는 기회가 여기처럼 간절한 곳이 어디 있겠는가. 패민강 관리 주임의 말이 "이제는 중국 사람들도 이곳을 인정해 준다." 고 한다. 한국인들의 남다른 조국애를 높이 치하한다는 말도 아끼지 않았다. 그가 중국인인데도 한국 사람의 우국충정을 높이 산다는 말에 자긍심을 느꼈다. 우리 일행 가운데 어떤 이가 성금을 주저하면서 말하는 것을 엿들었다. "여기다 성금을 내면 중국사람만 좋은 일 시키는 것 아냐?" 나 역시 처음에는 그 같은 생각을 가졌기에 듣기만 하였다. 어떻든 한국의 방문객들이 많을수록 중국인들은 더 많은 관심을 기울일 것이다. 안내하는 아르바이트 학생들이 4명이나 된다고 하니, 그만큼 발전한 것이다.

임시정부청사에서의 자긍심을 다시 살려준 곳이 홍구공원이다. 일정에 쫓겨 사진 한 장 찍고 오는 것이 고작이었지만, 내게는 특별한 느낌이 있다. 처음 왔을 때에는 윤봉길 의사가 의거를 거행했던 장소조차 알지 못하였다. 안내자 역시 주변 어느 곳을 손으로 지적하는 정도였다. 두 번째 왔을 때는 보도 블럭 위에 원을 그려 표시해 두었다. 그리고 안내자는 이곳이 거사를 행했던 곳이라고 설명하였다. 지금 와보니 장소는 약간 옮겨졌지만, 기념비가 세워져 있었다. 정말이지 뿌듯했다. 홍구공원에 윤봉길의사 의거기념비를 세워져 있다는 사실만으로도 일본인들의 역사관을 바로잡는 계기가 될 것이다. 상해에서 한국인들의 의지를 다시 생각하는 의미 있는 기념비일 것이다. 그럼에도 아쉬움이 남는 것은 우리 일행의 무관심이었다. 단지 사진 한 장 찍는 것으로 족하였을까? 최소한 윤봉길 의사를 위한 묵도라도 올렸어야하지 않았을까? 조선족의 안내자에겐 각별한 관심이 없는 듯했지만, 우리마저 그럴 수는 없었을 것 같다. 우리가, 더욱이 대학 연수단원으로 참가했던 우리가, 그 정도의 생각마저 망각했으니 얼마나 부끄러운 일인가. 조선족 안내인에게 다시금 교육을 시켜야 하겠다는 생각이 들었다. 그리고 기념비 옆에 "이곳을 방문하는 한국인들이여, 우리나라의 독립을 위해 희생한 순국 열사들에게 묵도를 올리자."라는 문구를 써 놓고 싶었다.

2001. 8. 16

아주 작은 봉사, 아주 큰 행복

흔히들 남에게 베풀 수 있다는 것, 함께 할 수 있다는 것처럼 아름다운 것이 없다고 한다. 아픔을 같이하면 같이하는 사람들의 수만큼 적어지고, 기쁨을 같이하면 같이하는 사람만큼 커진다고 한다. 흔히들 하는 말이기에 실감하지 못하는 것 아닌가 싶다. 가령 '가화만사성家和萬事成'이란 말이 우리 가까이 있기에 그 깊은 뜻을 이해하지 못하는 것처럼…, 나 역시 이 글의 내용이 그리 심오한지 몰랐었다. 그저 시골집 안방 벽이나 이발소, 또는 음식점에 걸려 있는 액자 정도로 생각했을 뿐이다. 그러나 이처럼 당연한 진리의 말이 없는 듯하다. 이 말을 되씹을수록 그 깊이에 감탄하지 않을 수 없다.

누구든 그렇다. 우리는 아주 가까이 있는 것에 대해서 너무 무관심한 것 같다. 가까이 있는 만큼 소중한 것임을 왜 깨닫지 못하고 있을까? 잠시 생각에 젖어보자. 내 가까이 무엇이 있는지. 그것이 얼마나 가까이 있는지를, 그 때문에 너무 소홀하지 않았는가를,

'봉사奉仕'라는 말 역시 그렇게 느껴진다. 대부분의 사람들이 '봉사'를

"특별한 사람들이 행하는 아주 큰 일"로 생각한다. 봉사자라면 으레 자기를 희생하는 것처럼 생각한다. 스스로는 순교자나 순국자의 길을 가는 것처럼 성스러움에 도취된다. 요즈음에 그런 사람들을 많이 본다. 추운 겨울철, 게다가 연말에다 내년엔 선거도 있으니, 더욱 분주한 봉사자(?)들이 눈에 뜨인다. 그들의 어깨엔 항상 노란색 헝겊에 큼직하게 '○○자원봉사단'이라고 쓴 견장이 걸쳐져 있다. 대개의 경우, 혼자서는 어려운 일인지 무리를 이루어 봉사를 한다. 봉사활동이 끝나면 거창한 회식이 이루어지고, 자화자찬으로 마무리한다. 그들의 봉사활동은 커다란 화보에 담아지고, 불후(?)의 업적으로 남는다.

얼마 전, 딸아이가 '봉사활동'을 간다고 아침부터 유난을 떨었다. 마치 처음 소풍 가던 때처럼 들떠 있었다. 굉장히 즐거운 일이 있을 것이라고 기대했음이 분명하다. "봉사하려면 밥을 많이 먹어야 된다." 하니까, 아침밥을 다 비운 정도였다. 그 애가 그날 체험한 봉사활동은 유치원 근처에 있는 경로당에서 벌인 재롱잔치였다. 유치원에서 정기적으로 학부모를 모셔놓고 벌였던 재롱잔치를 경로당으로 옮긴 것 외에는 별다른 차이가 없었다. 그런데도 그 애는 별다른 기분에 젖어 있었다. 단지 엄마 아빠에게 자랑삼아 보이는 재롱잔치가 아니라, 처음 뵙는 할아버지 할머니를 즐겁게 해드린다는 사실에 신명이 났던 것 같다. 할머니들의 웃음과 박수소리에 딸아이는 더욱 신이 났을 것이고, 그것이 '행복'임을 느꼈을 것이다. 어린 딸의 작은 재롱이 노인들에게 큰 기쁨을 제공했을, 그것이 '봉사'의 참뜻이 아닐까 한다.

나의 작은 일이라도 남에게 베풀어질 때 큰 행복으로 느껴질 수 있다는 사실을 딸아이의 작은 봉사활동에서 느꼈다. 아이들은 '봉사' 그 자체가 '기

뿜'임을 어른들보다도 잘 알고 있다. 그들은 그것이 '봉사'인지도 모른다. 큰 기쁨을 느꼈을 노인들의 웃음소리에 제 자신도 마냥 즐거워했을 뿐이다. 그렇게 아이들처럼 유난하지 않으면서도, 항상 작은 봉사를 통해 큰 행복을 느낄 수 있는 봉사자들이 많아지길 기대한다.

강남대학교 「자원봉사소식」지, 2001. 12.18.

황금빛 까마귀와 꼬리 달린 개구리

모든 사물은 정황에 따라 변화하고, 그 자체의 운동에 의해 변화하고 발전한다. 직장에서 매일 같은 시간에 같은 일을 하는 것 같아도 세상에 같은 것이란 없다. 이제라도 선입견에 쌓인 억측을 배제하고, 현실적인 위치에서 변화하는 사물을 직시하는 태도를 가져야 한다.

세상 사람들은 참으로 억측이 심하다. 누구든 제 딴에는 확실하다고 힘써 강조하지만, 강조한 만큼 의혹은 오히려 더 커진다. 속말에 "남대문을 본 사람과 보지 않은 사람이 말싸움을 하면, 안 본 사람이 이긴다"고 한다. 거짓일수록 우기기 마련이다. 그러자니 목소리도 커지고, 수식어도 장황하다. 어떤 이는 "남대문이 얼마나 큰지 하늘이 안보였다"고 하고, 어떤 이는 남대문이라고 쓴 글씨가 엄청 커서 붓을 혼자 들지 못했을 것이라고 허풍을 떤다. 분명히 자신이 글씨를 보았다고 한다. 글쎄다. 남대문이란 현판은 없었을 텐데, 거기에는 숭례문이라는 현판이 달려 있다. 그런데도 그렇게 우긴다. 안보고도 우기는데, 비슷한 것을 보고는 어떠할까?

세상 속 일반적 인식의 오류들!

세상에는 비슷한 것들이 수없이 많다. 닭과 꿩이 비슷하고, 오리와 기러기가 비슷하고, 거위와 따오기, 말과 나귀, 개와 이리, 양과 영양, 고양이와 삵, 할미새와 따오기 등이 비슷하다. 이밖에도 형체가 비슷한 것은 한이 없다. 이들은 두 가지를 함께 놓고 보면 구별할 수 있겠지만, 따로 보면 구별하기 쉽지 않다. 잔디밭에 풀을 뽑다 보면 잡풀과 잔디가 구별되지 않아 오히려 잔디를 뽑는 경우가 허다하다. '사이비似而非'란 말은 이러한 경우에서 생긴 것이다. 이러한 유사성 때문에 사람들은 잘못 인식하고 대상물을 억측으로 단정하는 경우가 많다.

"만약 콩꽃과 팥꽃의 색깔이 어떠하냐"고 물으면 사람들은 모두 콩꽃은 누르고, 팥꽃은 붉다고 할 것이다. 이것은 콩과 팥의 색깔만 보고 말한 것이다. 실제로는 팥꽃은 누르고, 콩꽃은 붉다. 다시 한번, "황새의 꽁지가 무슨 색깔이냐"고 묻는다면 사람들은 다 검다고 할 것이다. 두 날개가 꽁지에 모여서 검게 보이기 때문이다. 사실은 꽁지의 색깔은 희다.

이처럼 우리 앞에 주어진 현실은 일상적, 경험적 인식에 의하여 적잖이 왜곡되고 있다. 세상 사람들의 오류는 바로 표피적, 일상적 상식에 얽매여 억측으로 단정하는 데서 비롯한다. 콩과 팥의 색깔만 보고 그 꽃의 색깔을 억측으로 단정한 예가 그렇다. 황새의 꽁지는 본래부터 흰데도 검다고 인식하는 오류를 흔히 범하고 만다. 흰 꽁지를 검은 두 날개가 덮고 있기 때문에 그렇게 보인다는 사실은 정확히 관찰하지 않으면 알 수 없다. 아니 꽁지와 날개를 구별해 보려는 인식이 없이는 세심하게 관찰한다 해도 알 수 없을 것이다. 사람들은 이미 어떤 사물을 머릿속에 생각하고 사물을 본다. 따라서 사물을 인식하는 과정에서 직시하는 태도가 아니라, 이미 마음속에 정해진 인식을 전제로 사물을 접하게 된다. 그리하여 어떤 사물을 접함에 있어서 항상 고정관념에 사로잡히게 된다.

사물을 진실되게 보는 눈을 키워라!

길가는 사람에게 까마귀의 색깔을 물어 보라. 검다고 말하지 않는 사람이 없을 것이다. 어린아이나 어른을 막론하고 까마귀가 검다는 사실을 모르는 이가 없을 것이다. 그러나 어린아이에게 까마귀를 보았냐고 물어 보면, 보지 못한 아이가 적지 않다. 그런데도 검다고 서슴지 않고 답한다. 심지어 소경에게 물어도 까마귀는 검다고 한다. 그 역시 까마귀를 평생 본적이 없는데도 말이다. 이 얼마나 우스운 일인가. 보지도 않은 까마귀를 검다고 의심 없이 말할 수 있는 것이, 물론 진실을 꼭 눈으로 확인해야 믿을 수 있는 것은 아니다. 문제는 의식이 없이 무조건 까마귀는 검다고 단정하는 발상이다. 실제 까마귀가 항상 검은 것은 아니다. 황금빛 저녁놀을 배경으로 날아가는 까마귀를 보라. 까마귀는 찬란한 황금빛으로 반짝이며 날고 있다. 그때 까마귀는 황금빛이다. 그래도 까마귀를 검다고만 말할 것인가. 정황이 바뀌었는데도 항상 검다고만 생각하는 억측이 문제다.

모든 사물은 정황에 따라 변화하고, 그 자체의 운동에 의해 변화하고 발전한다. 따라서 선입견에 쌓인 억측을 배제하고 현실적인 위치에서 사물을 직시하는 태도를 가져야 한다. 올챙이와 개구리를 구별 못하는 이가 있을까?

지금은 어린아이들도 분명히 구별한다. 그러나 간혹 올챙이와 개구리가 같은 생물이라는 사실을 모르는 경우가 있다. 올챙이가 개구리로 변하는 과정을 관찰하지 못했기 때문이다. 당신은 꼬리가 달린 개구리를 보고 신기하게 생각했던 적이 없는가. 그 신기함이 사라졌을 때는 어느 정도 체험과 지식이 쌓였을 때이다. 이러한 원리를 '화생化生'이라고 말한다. 꼬리 달린 개구리를 보지 못하였다면 올챙이와 개구리가 같은 생물임을 알지 못할 것이다. 세상 사람들은 이러한 화생의 이치를 깨닫지 못하기 때문에 곧잘 억측에 빠진다.

또 하나, 세상 사람들은 같은 자연 현상이나 사물일지라도 개인의 기질에 따라 달리 인식될 수 있으며, 시세에 따라 항상 변화한다는 사실을 망각하고 있다. 모처럼 시골에서 하룻밤을 자노라면, 개구리소리가 잠을 설치게 한다. 그때는 개구리 소리가 밉다. 옛날에는 개구리 소리를 미워하여 회를 뿌려 액막이를 하였다. 반면, 어떤 시인은 그 소리를 즐겨 북과 피리 소리에 비유하였다. 이처럼 같은 개구리 소리라 할지라도 듣는 이의 마음속에 설정한 바에 따라 달리 들린다. 개구리 소리는 객관적인 것이 아니다. 듣는 이의 인식 여하에 달려 있다. 그럼에도 개구리 소리를 시끄럽다고만 주장한다면, 그것은 억측이다.

선입견을 버리고 현실을 직시하라!

모든 사물은 보고 듣는 시점과 각도에 따라 변화한다. 따라서 고정적이고 불변하는 것으로 보아서는 안 된다. 다양한 시각으로 변화된 실체를 파악해야 한다. 그런데 우리의 인식 태도는 그렇지 못하다. 사물에 대한 인식 방법이 지극히 정태적이고 폐쇄적이다. 선험적 가치에 대한 맹목적 추종만 있을 뿐, 변화하는 현실과 그에 따른 새로운 가치에 대해서 거부하고 있다. 세상 사람들의 억측은 이러한 데서 비롯한다. 이제껏 보아 온 것은 과거의 허상일 수 있다. 지금 눈과 마음에 자리잡은 선입견을 떨쳐 버려야 한다.

지극히 현실적인 우리네 삶의 근원인 직장도 예외일 수는 없다. 눈에 보이는 것만 쫓다보면, 자신만의 생각과 가치를 찾기 쉽지 않다. 그저 일반적인 것들을 기계적으로 습득하거나, 외우고 있는 수준에 머물 수밖에 없는 일이다. 그렇지만, 모든 것을 주도적으로 객관적인 자세에서 사물이나 어떠한 일들에 대해서 자신만의 시점에서 새로운 가치를 추구한다면, 우리는 황금빛 까마귀와 꼬리 달린 개구리가 존재함을 깨달을 수 있을 것이다. 그래야만 지금의 현실을 직시할 수 있으며, 일상적으로 경험하지 못한 세계도 볼 수 있을 것이다.

삼성월드, 2002.7.4

실패가 성공보다 나을 때가 있다

일반적으로 무언가 실수를 저질렀어도, 실수를 안한 때보다 나을 때가 있다. 실수를 잘 처리했을 때 그렇다. 공자는 "잘못을 저지르고도 고치지 아니하는 것, 이것이 잘못이라고 하였다." 물론, 잘못을 저지르지 않고 잘한다면 무엇이 흠이겠는가. 그러나 그렇게 완벽한 사람이 있는가. 고금의 일을 통해 성공은 실패에서 비롯한다는 말을 다시금 생각해 본다.

짐짓 옥을 떨어뜨려 흠을 낸 송나라 거상 감지자

『한비자』 설림편에 이런 이야기가 있다. 송나라에 감지자監止子라는 거상巨商이 있었다. 어느날 금 백냥을 호가하는 옥玉을 팔겠다는 사람이 그에게 왔다. 그런데 감지자에게 놀러 와 있었던 딴 상인이 그 옥을 보고 몹시 탐을 냈다. 두 사람 사이에 경합이 벌어져 옥값이 올라가게 될 판이었다. 감지자는 짐짓 실수하여 옥을 바닥에 떨어뜨렸다. 옥에 작은 흠이 생겼다. 그러자 다른 상인은 구매하는 것을 포기하였다. 감지자는 울상이 된 옥장수에게 판상비조로 금 백냥을 주고, 그 옥을 사들였다. 옥 장수는 어차피 금 백냥에 팔기로 했던 것인 만큼 손해는 아니었다. 며칠 뒤 감지자는 그 옥을 잘 연마하여 흠을 말끔히 없앴다. 그리고 그 옥을 다른 사람에게 금 천냥에 팔았다. 두 사람이 계속 경합을 벌였다면, 천냥에 팔아도 별로 수익이 없었을 것이다. 일부러 떨어뜨려 흠을 낼 수 있는 용기와 지혜가 대단하다. 그같은 지략이 없고서야 거상이 될 수 있었으랴. 더 많은 이익을 얻기 위해 어느 정도 손해를 감수할 줄 아는 이가 진정 경영인일 것이다.

페널킥을 실수했던 안정환 선수

한 달이 훨씬 지났건만, 아직도 기억에 생생하다. 월드컵축구경기에서 이탈리아와의 경기가 가장 힘들었던 것 같다. 그만큼 강동적이었기에 오랫동안 기억에 남을 것이다. 어렵게 진행되는 상황에서 우리 팀이 페널킥을 얻어냈다. "아, 이제 우리에게로 행운의 여신이 미소를 보내고, 서광이 비치는구나."중얼거렸다. 두 주먹에 힘이 들어가 있었다. 천우신조의 기회였다. 안정환 선수는 세계인의 시선 속에 힘차게 볼을 찼다. 결과는 노골이었다. 너무나 큰 실수였기에 모두가 침묵에 잠겼었다. 한참동안 어이가 없어 황당했다. 안선수는 당장 운동장에서 퇴출되었을 법한데 후반전 끝까지 뛰었다. 모두들 선수 교체를 예견했다. 히딩크 감독은 전혀 개의치 않는다는 투였고, 그것을 확인한 안선수는 사력을 다해 뛰어다녔다. 결국은 헤딩슛으로 큰 실수 이상의 큰 결과를 가져다주었다. 모두가 감동해 옆 사람을 얼싸 안았다. 안선수는 운동장에 누운 채 눈물을 흘렸다. 그때 그 모습을 잊을 수 있을까. 처음에 페널킥을 성공시켰다면, 당장은 환호했을 것이다. 그러나 그 성공은 페널킥의 성공률이 높은 만큼 그렇게 감동적이지는 못했을 것이다. 실수한 뒤 사투

끝에 얻어낸 골이기에 행운으로 얻어진 골보다 더욱 값지다. 한 번의 실수는 감독의 능력, 선수의 최선, 관객의 호응 등 모두가 하나일 수 있는 계기가 되었다. 그야말로, 큰 실수, 큰 성과, 큰 감동까지 얻어낸 드라마이다. 그러기에 아직도 생생하게 기억하고 있다. 실수가 성공보다 나은 때가 있다면 이런 경우가 아닐까.

틀렸던 문제만 정리하여 공부하는 것도 최선의 방법.

학습에 왕도가 따로 있다면 좋겠다. 수험생들은 가장 효과적인 학습방법을 갈구한다. 그런데 동서고금 그렇게 확실한 방안이 없다. 각자의 성공사례를 수집해 실천해도 큰 성과를 거두지 못한다. 그래도 정평이 있는 최선의 방안이라면 예습과 복습이다. 논어에 나오는 "배우고 때때로 익히는 것學而時習"이나 "배우고 생각하고學而思"도 같은 학습방법이다. 요령을 앞세워 출제가 빈번한 문제만 골라서 모범답안을 무조건 외우는 사례도 적지 않다. '쪽집게 과외'라는 것이 그런 따위이다. 그러나 그것은 자신이 혼자 해결할 수 있는 방안이 아니다. 누군가의 각별한 도움이 아니고서는 할 수 없다. 스스로 하는 방법으로 무엇이 있을까. 이렇게 해 보라. 한 번의 실수는 성공보다 나을 때가 있지 않은가. 똑같은 실수를 하지 않는 것이 최선이라고 했다. 이제부터는 틀렸던 문제만 별도로 정리하여 공부해 보라. 왜 틀렸는지를 분석하라. 그 이유를 스스로 터득해야 다시 틀리지 않는다. 요행으로 맞춘 답은 오랫동안 기억되지 않는다. 요행이 다시 오는 것도 아니고 틀렸던 문제가 하나하나 해결될 때 결국은 모두 맞출 수 있는 '큰성공'을 기대할 수 있다.

운전면허시험도 1차에 합격한 것보다는 여러 차례 떨어져서 요령을 습득한 뒤 합격하면 사고율이 적다고 한다. 실수를 인정하고, 다시는 실수하지 않으려는 노력을 기울였기 때문이다. 이러한 경우도, 실패가 성공보다 나은 것이 아닐까.

잘못을 저지르고도 고치지 않는 것, 이것이 잘못이다.

공자는 "잘못을 저지르고도 고치지 아니하는 것, 이것이 잘못이라고 하였다." 누구나 한 번의 실수나 잘못은 있기 마련이다. 그 자체는 큰 잘못이 아니다. 그 잘못을 다시 범하는 것이 잘못이라는 이야기이다. 물론, 잘못을 저지르지 않고 잘한다면 무엇이 흠이겠는가. 그러나 그렇게 완벽한 사람이 있는가. 공자도 아예 사람은 실수를 할 수 있다고 인정하였다. 문제는 실수를 잘 처리하였는가, 아니면 고치지 아니하고 또다시 같은 실수를 하는가에 성패가 구분된다.

송나라 거상 감지자는 옥값이 경합으로 치솟는 것을 막기 위해 일부러 실수를 하였다. 그리고, 실수를 잘 처리하였다. 안정환 선수는 해서는 안될 큰 실수를 범했다. 그렇지만 실수를 잘 처리하여 더 큰 성공을 거뒀다. 시험 때마다 틀렸던 문제를 분석해서 공부한 수험생은 결과적으로 목적하는 대학에 진학했다. 이러한 고금의 일을 통해 볼 때, 무언가 실수를 저질렀어도, 실수를 안한 것보다 오히려 낫지 않을까. 단, 실수를 잘 처리했을 때 그렇다.

삼성월드, 2002, 7, 28

알맹이보다 비싼 껍데기

세상의 물건 가운데는 알맹이는 놔두고 껍데기만 화려하게 꾸며 놓은 것이 허다하다. 사람들은 그 화려함에 정신을 빼앗겨 알맹이의 본질을 잊는다. 그래서 우리는 알맹이보다 비싼 껍데기까지 사고 만다. 본질이 아름다운 것은 껍데기를 치장할 필요가 없지 않은가. 뚝배기보다 장맛이라는 말을 생각해 본다.

여행를 일삼고, 여행지의 토속주와 음식을 곁들일 수 있다는 것은 꽤나 괜찮은 일이다. 우리의 전통문화를 전공하고 있는 내겐 그 같은 기회가 적지 않다. 그때마다 쾌재를 부른다. 술을 남들처럼 좋아하지 않아도 지방을 들를 때마다 그 지방의 토속주를 수집하는 것이 취미가 되었다. 이젠 상품화된 전통주는 집에 거의 갖췄을 정도이다. 다른 집에선 양주로 채우고 있는 공간을 전통주가 대신하고 있는 셈이다.

내가 살고 있는 주변에도 전통주를 빚는 곳이 있다. 가끔 들러 인사를 나누다 보니, 이제는 한 잔쯤 얻어 마셔도 부담이 없을 정도이다. 그런데 횟수가 잦을수록 점차 분위기가 달라지는 것 같았다. 술맛도 그대로이고, 인정도 그대로인데, 왜 그럴까 싶었다. 자세히 생각해보니, 처음 대접받았을 때는 도자기병에 담긴 고급스런 상품이었다. 언젠가는 유리병에 담은 것이었고, 며칠 전에 마셨던 것은 작은 주전자에 담은 것이었다. 같은 술이 용기에 따라 다르다니. 여러 차례 얻어먹고도 용기用器에 따라 술맛을 달리 느꼈다는 사실이 당혹스러웠다. 나의 어리석음을 자책하고서야 세상일 가운데 그 같은 경우가 허다하는 것을 깨달았다.

구슬보다는 구슬상자를 사려고 하다.

『한비자』라는 책에 이런 이야기가 있다. 옛날 진晉나라 사람이 딸을 신분이 높은 공자에게 시집을 보냈다. 딸을 잘 치장하는 것은 물론, 화려하게 차려 입힌 시녀 70명을 딸려 보냈다. 그러자 공자는 시녀들에게만 관심을 보일 뿐, 딸은 거들떠보지도 않았다. 결국, 시녀들을 시집 보낸 것이지 딸을 시집보낸 것이라 할 수 없게 되었다.

또, 이러한 이야기도 있다. 초나라의 어떤 남자가 구슬을 팔기 위해 정鄭나라에 갔을 때의 일이다. 그는 구슬을 넣을 상자를 아주 정성들여 만들었다. 상자의 몸통을 목란 나무로 만든 다음, 거기에다 계숙이란 향을 칠했다. 그리고는 보석으로 겉을 치장하였다. 그가 이것을 팔려고하자 정나라 사람들은 정작 구슬은 안 사고 상자만 사려고 하였다. 결국 구슬은 팔지 못하고 상자만 팔았다.

알맹이를 사기 위해 비싼 껍데기까지 사야 되는 현실

전통주의 가격에도 절반 이상이 용기에 드는 비용이라고 한다. 고급스런

도자기에 담아야 하고, 그것을 오동나무 상자에 다시 넣어야 상품이 된다. 알맹이라 할 수 있는 술은 구슬 상자에 담겨진 구슬처럼 여겨질 수밖에 없다. 술을 먹자는 것이지, 도자기를 감상하자는 것이 분명 아닐진대, 모두가 그 같은 어리석음에서 벗어나지 못하고 있다.

지금 세간에 유행되고 있는 상품 거개가 이러하다. 겉만 번지르하게 꾸며 놓은 것들이다. 알맹이는 놔두고 겉만 화려하게 꾸며 놓았기에, 사람들은 그 화려함에 정신을 빼앗겨 그 내용물인 알맹이를 잊은 것이다. 그렇다면 그것은 상자만 판 구슬장사나 딸보다 시녀를 시집보낸 진나라 사람과 하나도 다를 게 없지 않은가. 초나라 구슬장사는 상자라도 팔았지만, 요즘 상인들은 껍데기만 파는 일은 없다. 결국, 우리는 알맹이를 사기 위해 알맹이보다 더 비싼 껍데기까지 억지로 사고 있는 셈이다.

본질이 아름다운 것은 껍데기를 치장할 필요가 없다.

"뚝배기보다 장맛"이라는 말을 생각해본다. 한국인의 맛이라고 하는 된장을 도자기에 넣어 끓인다고 하자, 제 맛이 나겠는가. 역시 뚝배기라야 한다. 된장이 하찮은 것이어서 도자기에 어울리지 않는다고 생각하면 더욱 어리석다. 본질인 된장의 맛을 음미하기 위해선 화려한 장식이 오히려 방해가 된다. 술맛도 그러할 것이다. 요즈음 '머드팩'이라는 화장품이 관심을 끈다. 본질은 바닷가의 진흙인데, 화려한 용기에 담아져서 고가의 화장품이 된다. 만약에 진흙을 비닐 봉지에 담아서 선물한다고 하자, 받는 이가 얼마나 당혹해 하겠는가. 꼭 필요한 것은 용기가 아니고 진흙인데도 그러하다. 어렸을 적 기억이다. 그때는 부스럼도 많았고, 여름이면 곪아서 여간 고생이 아니었다. 그때 '고약'이란 것이 있었다. 제작자의 성을 따서 약이름을 붙였고, 포장지는 초라하기 그지없었다. 그래도 그 약만 붙이고 있으면 직효였다. 그런데, 그 약이 지금도 그 모습으로 시판되고 있어 놀라웠다. 역시 본질이 아름다운 것은 껍데기를 치장할 필요가 없음을 재확인하였다. 물론, 본질과 껍데기가 함께 아름답다면 최상이지 무엇이 문제이겠는가. 문제는 본질은 도외시하고 껍데기의 화려함에만 도취된 이들의 인식에 있다. 새삼 신동엽 시인의 <껍데기는 가라>는 작품이 떠오른다.

"껍데기는 가라./사월도 알맹이만 남고/ 껍데기는 가라.…(중략)…/ 껍데기는 가라./ 한라에서 백두까지/ 향그러운 흙가슴만 남고/ 그, 모오든 쇠붙이는 가라."

순수한 정신만 남고, 허식과 왜곡은 이 땅에서 사라지라는 그의 외침이 가슴속 깊이 찌른다. 이 세상 모든 것들이 '향그러운 흙가슴'처럼 순수하고 아름다웠으면 좋겠다. 그리고 그런 알맹이의 향그러움을 느낄 수 있는 지혜의 눈을 가졌으면 좋겠다.

삼성월드, 2002, 8, 12.

바보 온달과 평강공주

바보 온달과 평강공주의 이야기를 모르는 이가 있을까? 흔히 신분을 초월한 로맨스 이야기로 알려져 있다. 공주가 바보 온달을 남편으로 선택하고 그를 일깨워 대장군으로 성공시켰다는 이야기이기에 흥미롭다. 이 이야기를 단지 사랑이야기로만 볼 것이 아니다. 자세히 읽어보면, 온달을 선택한 공주의 지혜가 번뜩인다. 그리고 역사적 사실 이면에 내재한 인간경영의 철학을 엿볼 수 있다.

평원왕의 장난스런 말

평원왕은 평강공주의 아버지이다. 어렸을 때 울보였던 공주가 울 때마다 "바보 온달에게 시집보내겠다."고 장난삼아 말하였다. 공주가 성장하자 부왕은 딸을 상부고씨에게 시집보내려 하였다. 공주는 "왕은 장난스런 말을 해서는 안 된다."고 하며, 그에게 시집가기를 거부하였다. 왕의 말은 백성에게는 절대적인 명령이었던 시대였다. 비록 딸이지만 "바보 온달에게 시집보내겠다."는 장난스런 말을 지키지 않는다면, 백성들은 왕의 말을 신뢰하지 않을 것이라고 생각한 것이다. 결국은 이 일로 인하여 공주는 쫓겨난다. 그리고,

온달을 찾아간다. 국왕의 말은 절대적이고 신성해야 함을 몸소 증빙하려는 결단이다.

어제 한 말을 오늘 바꾸고도 부끄러워하지 않는 윗분들과는 너무나 다르다. 대통령의 아들이 비리의 온상으로 주목되고 있는 지금 시대의 이야기와는 거리가 있다. 윗분들도 권위를 지켜야 하겠지만, 휘하의 사람들도 그분들의 권위를 유지하기 위한 최선의 방법을 단행하여야 한다. 휘하의 사람들이 윗분들의 권위에 손상을 끼치는 판국이니 가관이다. 정말이지 가관이다.

온달은 과연 바보인가

온달은 외모가 바보스러워 남의 웃음을 샀을 정도이다. 게다가 소경인 홀어머니를 모시고 겨우 끼니를 이어갔다. 그러던 그가 공주의 애원으로 결혼하고, 공주의 도움으로 무예와 학식을 연마하며, 훗날 대장군이 되어 평원왕의 사위로 인정받는다. 남의 웃음거리가 되었던 그가 왕의 사위가 되었으니, 대단한 신분상승이다. 그가 정말로 바보였으면 그렇게 탈바꿈할 수 있었을까. 세속 사람들의 눈에 비쳐진 외모는 바보였을지 몰라도, 실제 그는 대장군의 자질이 잠재해 있지 않았을까?. 그에게 주어진 여건이 그를 바보처럼 만들었고, 평강공주를 만나지 못하였다면 평생 바보로 살았을 것이다. 「제국의 아침」이라는 역사드라마에 등장하는 균여대사도 어렸을 때 외모가 몹시 추하여 부모가 내다 버렸다고 한다. 그 역시 훗날 고려 초의 대선사로 추앙되었다. 요즈음 취직을 위하여 남자까지도 정형수술을 마다 않는 실태와는 거리가 멀다. 외모에 현혹되어 그릇된 인재를 뽑는 간부사원이나, 일시적 방편으로 시류에 따라 빚을 내서 수술을 하겠다는 사람 모두가 진짜 바보가 아닐까. 드러난 단점을 보고 숨어 있는 장점을 발견하지 못하는 어리석은 자들이여, 그대들이 바보가 아니란 말인가.

온달의 잠재력을 알았던 평강공주

과연 평강공주는 온달을 바보로 알고서도 시집갈 것을 고집했을까. 평원왕의 장난기 어린 말은 공주에게 일찍부터 온달의 존재를 일깨워 주었다. "바보 온달에게 시집보내겠다."는 말을 익히 들었던 공주가 온달의 존재를 전혀 모른 채, 그의 집을 찾아 나섰겠는가. 온달이 자신을 찾아온 공주를 처음 보고 산 속의 귀신이라고 놀랐을 정도이니, 얼마나 궁벽한 곳인지 짐작이 간다. 공주는 그 같은 여건에 처한 온달에게 결혼해 줄 것을 애원하였다. 분명, 무언가 자신감이 있었을 것이다. 부왕과의 갈등이 아무리 깊었다 해도 세상 사람들 모두가 바보로 여기는 온달을 무모하게 택하지는 않았을 것이다. 공주의 남다른 식견이 있었을 것이다. 공주는 궁궐에서 가지고 나온 금은을 팔아 가재를 마련하고, 말과 서책을 사들였다. 온달에게 말타기와 무술, 학문을 가르쳤다. 결국은 온달을 대장군의 위치에 당당하게 서게 한다. 고구려의 시조인 고주몽이 명마를 감식할 수 있는 지혜가 있었던 것처럼, 평강공주에겐 숨어 있는 무한한 가능성을 감식하는 지혜의 눈이 있었던 것이다.

온달, 아차산성에서 죽음으로 은혜를 갚다.

바보 온달이 평강공주를 만난 것은 엄청난 행운이다. 그렇다고 앉아서 돈

벼락을 맞는 것 같은 대박은 아니다. 그는 공주로부터 자신의 자질을 펼 수 있는 기회를 얻었을 뿐이다. 공주의 희생적인 노력 이상으로 무술과 학문을 연마하였다. 왕의 사위이기 때문에 대장군이 된 것이 아니라, 실력으로 당당하게 그 자리에 섰고, 그런 뒤에야 사위로 인정받았다. 그러니, 봉을 만나 횡재한 따위와는 다르다. 백제와 치열한 접전이 벌어졌을 때, "이 싸움에서 승리하지 않으면 돌아오지 않겠다."고 하였다. 죽음으로 그간의 은혜를 갚을 다짐이었다. 온달은 아차산성 싸움에서 전사하였다. 전쟁이 평정된 뒤 그의 시신을 옮기려 하였을 때 전혀 움직이지 않았다. 평강공주가 치마를 벗어 덮어주고 "이제 가십시다."고 위무慰撫하자 비로소 움직였다고 한다. 이처럼 멋진 이야기가 있을까. 평강공주에 의해 새로운 삶이 시작되었던 것처럼, 현생에서의 죽음도 그에 의해 거둬진다. 그것은 또 다른 세상에서의 새로운 삶을 여는 장이다.

온달과 평강공주 이야기의 참뜻

온달과 평강공주 이야기는 여러 면에서 귀를 기울이게 한다. 먼저, 평강공주가 온달의 잠재력을 알아 헌신적인 노력을 기울였듯이, 사람을 알아보고 키우는 일이 무엇보다 중요하다. 『상도』라는 소설책에 "장사는 이익을 얻기보다는 사람을 얻는 데 있다"는 말이 있다. 경영의 핵심은 바로 인간이 아닌가. 인사人事가 만사라고 한다. 능력 있는 사람은 외모에 굴하지 않는다. 선택하거나 선택되어지는 사람 모두가 외모의 근사함보다는 내실을 다져야 할 것이다. 못생기고 굽은 소나무가 산을 지킨다는 옛말도 기억해 두자. 다음으로, 온달은 공주와 결혼했다고 해서 봉을 만났다고 생각하지 않았다. 자신의 부족함을 상대적으로 더욱 느끼고, 더욱 정진하였다. 대장군의 지위는 오히려 불리한 역경 속에서 실력으로 당당하게 얻은 것이다. 공주의 큰 뜻을 온달은 잘 안다. 부왕의 장난기 어린 말이 빌미가 되기는 하였지만, 공주가 시집와서 헌신한 것은 바로 고구려의 운명을 염려한 때문임을 그는 안다. 그러기에 그는 죽음으로 보답한다. 그리고 평강공주는 신분을 초월한 사랑을 이뤘지만, 온달은 생사를 초월한 사랑으로 보답한다. 온달과 평강공주의 이야기는 천오백 년을 뛰어넘은 지금 시대의 우리 이야기와 너무 대조적이다. 어느 하나도 바보 온달보다 나은 것이 없다. 그래도 바보라고 웃음을 사는 일이 없다.

삼성월드, 2002, 8, 26

화장실의 슬리퍼를 돌려 놓으세요

일본의 한 사찰에서 '종시일관(終始一貫)'이라는 현판을 발견하였다. 우리 같으면 '시종일관'이라 했을 것이다. 이들은 왜 '처음과 끝'이라는 말을 굳이 '끝과 처음'이라고 썼을까? 화두처럼 제기된 이 말은 '처음'만 중시하는 우리들에게 많은 것을 생각하게 한다.

종시일관終始一貫

일본 교토에 코오류지廣隆寺라는 사찰이 있다. 일본에서 추앙되고 있는 쇼오토쿠태자의 발원으로 창건된 사찰이라고 한다. 천년 고찰답게 웅장하고 고색古色이 창연했다. 본당 처마에 여러 현판이 매달려 있는데, 일심一心이라는 문구의 현판이 여럿 있었다. 사찰에 이런 현판이 봉납되어 있음도 우리와는 구별된다. 그 가운데 눈길을 끄는 현판이 있었으니, 바로 종시일관終始一貫이라고 쓴 현판이다. 우리 같으면 시종일관이라 했을 것이다. 이들은 왜 '처음과 끝'이라는 말을 굳이 '끝과 처음'이라고 썼을까? 그들의 관습과 문화를 이해하자면 화두처럼 제기된 이 말의 뜻을 풀어야 했다. 처음을 중시하든,

끝을 중시하든 그것은 각국의 관습이요 문화이니 우열을 따질 것이 못된다. 그러나 따져서 본받아야 할 것이 있다면 고치는 것이 또한 발전이 아니겠는가.

한·중·일의 문화를 함께 접할 때마다 우리는 중국과 일본 두 나라 가운데 있음을 절감한다. 기질이나 관습도 마찬가지다. 그런 가운데, 한국과 일본만 놓고 대조해 보면 상반되는 점이 많다. 가령, 우리의 전통의상은 앞쪽이 화려한데, 일본은 뒤쪽이 더 화려하다. 접대할 때 우리는 손님을 먼저 방에 들게 하는 데 반해, 일본은 주인이 먼저 들어가서 맞이한다. 이런 예를 들자면 한없이 많다. 일본인들은 시작보다 끝을 중시하는 것 같다. 여러 측면에서 그들은 관습적으로 끝내기에 익숙하다는 느낌을 받았다.

1호 관광버스가 맨 뒤에서 운행하는 이유

다른 나라를 여행하면서 공공시설을 혼자 이용한다는 것은 두려운 일이 아닐 수 없다. 공공시설을 이용할 정도면 제법 그 나라의 문화에 익숙한 사람이다. 일본을 여행하면서 뒤늦게 발견한 사실이 있다. 차량 한 대로 여행을 할 때는 우리와 별 차이를 느끼지 못하였다. 그런데 차량이 여러 대이고 보니 상황이 달라졌다. 1호 차를 타고 있던 나는 그 차가 맨 앞에서 운행하는 줄 알았다. 웬걸, 오히려 1호 차는 항상 맨 뒤에 있었다. 이유를 운전기사에게 물었다. 운전기사 왈, 맨 뒤 번호의 차가 앞에서 운행하여야 몇 대의 차량이 단체로 이동하는지 파악할 수 있기 때문이란다. 아주 단순한 발상이지만 감탄하지 않을 수 없었다. 이어서 안내양이 공공 버스에 대해 설명해 주었다.

일본의 공공 버스는 뒤에서 타고 앞으로 내린다. 뒷문으로 타면서 차표를 뽑는다. 내릴 때 앞쪽으로 와서 차표를 정산하는 기계에 넣으면 요금이 계산된다. 내리는 손님과 운전기사는 항상 정겨운 인사를 나눈다. 내릴 때 기분이 좋을 수밖에 없다. 다음에 또 그 차를 타고 싶은 생각이 든다. 탈 때 차표를 확인하고 내릴 때는 얼굴조차 확인할 수 없는 우리의 차량 문화와는 차이가 있다.

치우고 사용하는 한국인, 사용하고 치우는 일본인

공원 벤치나 휴게실 탁자와 같은 공공시설을 이용할 때도 관습의 차이가 드러난다. 우리는 사용하기 전에 수건이나 휴지를 꺼내서 닦아낸 다음 이용한다. 그러면서 앞서 이용한 사람들을 교양이 없다고 욕한다. 치울 수 없을 정도로 더럽혀진 시설물은 아예 이용하지 않고 방치되어 있다. 내가 지켜본 일본 사람들은 그 반대였다. 어느 곳에서든지 그냥 와서 앉았다가 일어날 때는 휴지를 꺼내 말끔히 정리해 놓고 떠났다. 애완견을 데리고 아침 산책을 즐기는 일본인들은 봉투를 항상 지닌다. 개가 무례한 짓을 저지르면 곧바로 처리하기 위해서다. 단지 주어 담는 정도가 아니고, 걸레로 닦아내는 것을 보고 부러워하지 않을 수 없었다. 대부분의 공원에 노숙자가 숙박하고 있지만, 아침이 되면 그들은 언제 그곳에 천막을 치고 숙박했었는가 할 정도로 말끔히 정돈한다. 그러니, 이용하는 자는 불편이 없다. 청소를 하면서도 누구를 욕할 이유가 없다. 자신이 더럽히고 정리하는 것이니 당연한 것이요, 기분 나쁠 까닭이 없다. 다른 사람들이 더럽혀 놓은 것을 불평하며 치우는 우리의 모습과 너무 대조적이다. 이처럼 똑같은 일을 우리는 왜 불평하면서 해야 하는가.

이제라도 화장실의 슬리퍼를 돌려놓으세요.

일본을 몇 차례 여행하면서 관찰하고, 우리 집의 관습을 바꾼 것이 하나 있다. 바로 화장실 문화이다. 반평생을 살아오면서 화장실 안쪽에 놓인 슬리퍼가 어떻게 놓였는지조차 생각 않고 지내왔었다. 크게 불편하다는 느낌도 없었다. 그런데 일본에 머물면서 깨달은 바가 있었다. 숙소의 화장실에 놓인 슬리퍼는 항상 이용하는 사람이 편리하게 안쪽을 향해 있었다. 물론, 가지런하게. 그 가운데 하나가 반대쪽을 향하고 있었다. 내가 앞서 이용했던 슬리퍼였다. 습관처럼 벗어 던진 채 방치되어 있었다. 미안한 감이 들어 돌려놓았다. 그리고 생각해 보았다. 화장실을 이용한 뒤에는 뭐 그리 바쁠 것도 없는데, 내팽개치듯 벗어 놓고 왔을까? 다음날 일본 사람들을 살펴보니 나올 때 자연스럽게, 아주 자연스럽게 뒤로 돌아서서 슬리퍼를 벗어 놓았다. 내가 그리 하자니 무척 어색하였다. 그렇게 일주일이 지난 뒤에는 아무런 불편이 없었다. 귀국해서 집의 화장실을 살펴보니 엉망이다. 아이 것, 어른 것이 뒤엉켜 있었다. 아마 몹시 급한 상황이 된다면 슬리퍼를 신을 겨를이 없었을 것이다. 본성 그대로 맨발로 뛰어들었을 것이다. 그러고도 나올 때는 아무 일 없었다는 듯이 나왔을 테고. 거의 두 달 이상을 감시하고 꾸짖은 다음에야 가족들 모두 동조하게 되었다. 이제는 우리 집 화장실의 슬리퍼는 항상 가지런하고, 안쪽을 향해 있다. 내가 집안에서 이루어 놓은 혁혁한 공이 있다면 이것일 것이다.

이 일은 아주 작은 일이지만 정착하기까지는 오랜 시간이 걸렸고, 많은 노력이 필요했다. 그러나 이제는 어느 곳에서든지 자연스럽게 이루어진다. 여럿이 회식하는 음식점의 신발 가운데, 나올 때를 생각해서 벗어 놓은 신발이 있다면, 그것은 바로 내 것이다.

삼성월드, 2002, 9, 10

일의 시작과 끝

우리 속담에 "시작이 반이다"라는 말이 있다. 그만큼 시작이 어렵고 중요하다는 이야기일 것이다. 이 속담에서 시사하듯이 우리들은 일의 시작에 상당한 비중을 두고 있다. 그런 반면, 일의 끝마무리는 엉성하다. 용두사미龍頭蛇尾라는 한자 성어가 낯설지 않다. 작게는 개인의 매사가 그렇고, 크게는 국가의 대사가 그렇다. 과연, 일에 있어 성공의 비결은 시작에 있는가? 아니면 끝에 있는가? 아주 쉬운 한자 '기企'와 '사事' 두 글자를 놓고 생각해 본다.

시작에 앞서 어디에서 그칠 것인가를 먼저 생각하라

다른 나라 기업 가운데도 우리의 대기업처럼 지리멸렬하게 사라진 사례가 있는지 모르겠다. 지금은 빅딜이니 뭐니 해서 다소 정리된 듯하지만, 만족스럽지는 않은 것 같다. 기업이 무엇인가. 기업의 시작에서 무엇이 제일 중요한가. 기업이든 사업이든 본질을 이해하고, 순응해야 성공할 수 있다.

기업이란 어떠한 일을 도모하여 경영하는 조직이다. 여기에 쓰이는 한자가 '기企'자이다. 이 글자를 자세히 살피면 기업을 어떻게 경영할 것인가 해법이 보인다. 이 글자는 사람 인人자 밑에 그칠 지止자가 있다. 사람의 일에 있어 중요한 것은 시작이 아니라 그침에 있다는 뜻이다. 일을 도모할 때는 어디에서 그칠 것인가를 먼저 생각해야 한다. 어디에서 그칠 것인가는 목표를 의미한다. 뚜렷한 목표 없이 일을 성공으로 이끌 수 없음은 자명하다. 어떻게 끝낼 것인가를 생각하지 않고 계획된 일은 대부분 실패한다. 흔한 사례를 들어보자. 구멍가게에서 약간의 돈을 벌면, 맞은편의 큰 가게를 넘보게 된다. 무리해서 남의 돈을 빌려대고, 제법 수익도 늘어난다. 주인이나 종업원 모두가 뛰어 다닐 정도로 바쁘다. 그러나 뒤에서 계산해보면 남는 것이 없다. "피땀 흘려 벌어서 남 준다"는 생각이 들 무렵이면, 이미 빌린 돈의 원금을 상환하지 못하는 지경에 와 있다. 결국은 도산이다. 돌아서서 자신의 한계를 개탄해보지만 이미 때늦은 일이다. 처음부터 무리한 확장은 말았어야 했다. 작은 구멍가게 일도 그러한데, 기업이나 국가의 대사를 계획하고 경영하는 일이야 어떠하겠는가.

일 사事자의 갈고리 삐침을 생각하며 마무리하라.

한자 가운데 '일 사事'자가 있다. 이 정도의 한자를 모르는 이가 있겠는가. 그러나 이 한자를 제대로 이해하는 사람이 생각보다 적다. 이 한자를 쓰는 획순에 관심을 갖고 보라. 처음 시작할 때는 가로획인 한 일一자를 쓴다. 한자 쓰기의 처음이요, 서예를 배울 때도 한 일자만 수없이 쓰게 한다. 서법의 기초가 한 일자에 있는 것이다. 일에 있어서도 마찬가지이다. 일 사자에서 한 일자를 먼저 쓰는 것도, 처음과 기본에 충실해야 함을 암시한다. 마지막으로 쓰는 획은 내려긋는 갈고리이다. 아무런 생각 없이 일 사자를 쓰는 사람은 내려긋는 것으로 마친다. 열 십+자를 쓰듯이. 이처럼 일 사자를 쓰면서 내려긋기만 하고 갈고리를 삐치지 않는다면 잘못이다. 이 글자를 쓰면서 주의해야 할 부분이 바로 마지막에 내려 그으면서 삐치는 데 있다. 그러니, 곧장 내려긋기만 한다면 당연히 틀린 것이다. 일에 있어서 마무리를 잘못하여 낭패를 보는 것과 다를 바 없다.

우리가 즐기는 바둑의 묘수가 어디에 있는가. 바로 끝내기에 있다. 마지막 돌까지 집중하지 않으면 결국은 패배한다. 좋은 영화의 느낌은 어디에서 느끼는가. 역시 마지막 2, 3분에 있다. 뛰어난 소설가는 대단원의 단락을 어떻게 마무리하느냐에 고심한다.

성공한 사람은 시작보다는 끝내기의 명수이다.

보통 사람들의 성공한 이야기를 들어보면, 그 처음은 대부분 황당하다. 그 때문에 중간엔 수없이 낭패를 본다. 열정을 굽히지 않고 거듭 도전한다. 마침내는 성공한다. 그리고 그들의 성공 비결은 모두가 끝내기에 있다. 반면, 완벽한 시작과 열정에도 불구하고 성공하지 못한 이들은 어째서 일까. 대부분 그들의 실책은 자만심에서 끝내기를 허술하게 한데 있다.

중국의 고사 가운데 한 '삼태기의 흙' 이야기가 있다. 한 삼태기의 흙은 작은 양의 흙을 말한다. 사소한 일이라는 뜻으로도 쓰인다. 어떤 이가 삼태기로 흙을 날라서 산을 만들려고 하였다. 그는 주변 사람들의 비웃음도 마다 않고 평생 흙을 날랐다. 거의 산을 이루었을 때다. 세상 사람들도 놀라지 않을 수 없었다. 한 삼태기의 흙만 꼭대기에 부으면 일을 마치게 되었다.

그런데 그는 한 삼태기의 흙을 짊어지고 올라가다가 중도에 버리고 내려왔다. 그리고 나서 스스로 산을 다 이루었다고 생각하였다. 그 산은 꼭대기의 흙을 채우지 못한 때문에 결국은 무너져 내렸다고 한다. 우리들이 실패하는 원인은 바로 한 삼태기의 흙과 같은 사소한 일에 달려 있다. 마지막 한 삼태기의 흙 때문에 평생의 사업을 망친다면 얼마나 안타까운 일인가. 시작을 잘하고 끝내기를 잘못하여 일을 망치는 것보다는, 시작은 엉성할지언정 끝내기를 잘하는 편이 나을 것이다. 그것은 비록 최선은 아니더라도 차선일 수 있다.

아쉬우나 후회 없다면 그것은 성공에 가까운 것이다.

시작과 끝이 좋아야 성공한다는 이치를 누군들 모르겠는가. 그럼에도 그렇게 한다는 것은 매우 어려운 일이다. 그것은 단지 우리가 바라는 최선의 경우일 뿐이다. 결과에 있어 아쉬운 점은 항상 남는 법이고, 그것은 다음의 성공을 기약하는 밑거름이 된다. 우선 "시작이 반이다"라는 속담의 뜻을 되새겨 보라. 시작을 서두르지 말라. 일의 반을 차지할 정도 많은 시간과 노력을 기울일 필요가 있다. 시작 전에 투자하는 노력은 결코 헛된 일이 아니다. 일을 시작해서 중간에 포기하거나, 결국은 실패하는 것보다 훨씬 지혜로운 일이다. 일단 시작하기로 결정하였다면, 다시 반대편에 서서 왜 그 일을 하려는가 생각하라. 하지 않아도 될 일 같으면 과감히 떨쳐버려라. 그 일은 성공한다해도 만족할 수 없을 테니까. 하지 않으면 안될 일을 선택해 일생을 던진다면, 설사 그 일의 결과가 나쁘다 해도 후회하지 않을 것이다. 아쉬우나 후회가 없다면 그것은 성공에 가까운 것이다.

석유사랑, 2002, 11·12월호

현명한 리더는 월권을 용납하지 않는다.

현명한 리더는 한 조직체에서 부하 직원이 맡은 바 직분을 넘어 세우는 공을 용서치 않는 법이다. 직책 이상의 공을 세운 자는 월권행위를 일삼을 수 있다. 자기 직분을 지키게 하고, 말한 바 그대로의 일을 하게 하면, 붕당을 지어 서로 감싸서 통솔하는 자를 위협하는 일이 있을 수 없다.

장관이 부총리에게 지시를?

며칠 전에 일간지에 났던 기사이다. 수해대책을 지시하기 위해 국무조정실장이 전 부·처·청과 지자체에 태풍 루사의 피해 복구대책을 철저히 추진하라는 '지시공문'을 내려 보냈다가 구설수에 올랐다. 공문 마지막에 국무조정실장 자신이 서명해서 하달하였기에 문제가 발생하였다. 국무총리가 없는 총리실을 지키고 있는 조정실장으로서는 최선(?)을 다한 처사였을지 모른다. 부총리가 있는 재정경제부와 교육인적자원부는 곧바로 "장관급인 국무조정실장이 상급자인 부총리에게 지시공문을 하달할 수 있는가"하며 발끈했다. 실장보다 서열이 높은 다른 부처의 장관들도 마찬가지였다. 일이 커지자 "총리부재에 따른 국정 공백을 없애려다 보니… " 운운하며 해명하기에 분주했다.

지금 이 시점에서 수해대책이 중대사임을 부인할 수 없다. 총리가 없으니, 바로 밑에서 일하는 국무조정실장이 그 일을 대행할 수밖에 없다. 그렇다고 해서 총리의 서명을 대신해 실장이 했다는 것은 엄청난 월권행위이다. "일인지하 만인지상一人之下, 萬人之上"이라는 총리의 권한은 지금도 헌법상 막중하다. 총리는 대통령권한대행, 국무위원 임명제청권, 해임건의권, 국정행위문서 부서권副署權, 총리령 제정권 등의 권한을 갖고 있다. 조정실장은 국정행위문서 부서권을 침범하였다. 그는 아무리 최선을 다한 처사였다 해도 옛날 같으면 살아남지 못했을 것이다.

임금에게 덧옷을 덮어준 신하를 벌주다.

한漢나라의 소후昭侯가 술에 취해 깜빡 풋잠이 들었다. 이때 임금이 쓰는 관冠을 챙기는 내관이 "저러다 감기라도 들면 큰일이다" 싶어 덧옷을 덮어주었다. 잠에서 깬 소후는 세심한 배려를 가상하게 여겼다. "누가 짐에게 덧옷을 덮어주었는가" 물었다. 누군가가 "관을 담당하는 내관이 그랬습니다." 대답하였다. 소후는 관을 담당하는 내관과 옷을 담당하는 내관 둘을 함께 벌했다. 관 담당 내관을 벌한 것은 자기 직분 이상의 행위를 범했기 때문이요, 옷 담당 내관은 자신의 책임을 다하지 못했기 때문이다. 이것은 아주 사소한 일이요, 벌까지 내릴 중대사가 아닐 듯싶다. 임금이 감기에 든다면 내관 모두의 책임이 아니겠는가. 신하라면 누구든지 그럴 수 있는 일이다. 그러나 소후는 그렇게 생각하지 않았다. 자신을 위한 가상한 짓이었지만, 신하의 월권행위가 자신이 감기에 걸리는 일보다 중대한 일이라 생각했기 때문이다.

현명한 리더는 자리를 비워두지 않는다.

동서고금을 막론하고 현명한 군주나 리더는 한 조직체에서 부하 직원이 직분을 넘어 세우는 공을 용서하지 않는다. 직책 이상의 공을 세운 자는 월권 행위를 일삼을 수 있다. 한나라의 소후가 자신에게 덧옷을 덮어준 신하를 벌하였다는 것은 좀 지나친 처사였다고 생각할 것이다. 그러나 아주 작은 일이라도 직분을 벗어나 행한 일을 용서한다면, 나중에는 더 큰 일이 발생할 것이다. 그 결과는 감기를 앓는 정도가 아니라, 목숨을 빼앗기는 지경에도 이를 수 있다. 그러기에 현명한 리더는 당장의 일로써 판단하지 않고, 훗날의 빌미가 되는 일은 전혀 용납하지 않는다.

월권을 막기 위해서는 어느 자리이든 간에 비워두면 안 된다. 모두가 그 자리를 탐낼 것이 뻔하기 때문이다. '대행代行'이라는 일시적 방편이 있지만, 그것 역시 바람직하지 않다. 대행을 맡은 자는 그 일을 완전히 맡은 것처럼 생각한다. 결국 그 일을 맡게 되면 별일이 없지만, 제자리로 되돌아가거나 다른 일을 맡게 되면 여간 불평이 크지 않다.

그리고 현명한 리더는 먼저 자신의 직분을 철저하게 지킨다. 그래야 구성원들의 사소한 월권도 벌할 수 있다. 월권이 꼭 아래 직분의 사람이 윗사람의 직분을 행하는 것으로만 생각하고 있는 데, 이는 잘못이다. 반대로 윗사람이 아랫사람의 직분을 범했다고 해도 그것은 월권이다. 자기의 직분을 벗어난 그 자체가 월권인 것이다. 병졸을 통제할 수 있는 사람은 장수이다. 그런데도 장수를 제쳐놓고 임금이 직접 병졸을 다스렸다면 그것 역시 월권인 것이다.

현명한 리더는 자기 직분을 지킬 수 있게 한다.

현명한 리더는 구성원 각자가 자기 직분을 지키게 한다. 부하 직원들이 자신의 직분 그대로 일할 수 있게 하는 것이 지혜로운 통솔 방법이다. 철저하게 각자의 직분을 지키게 하면, 부하 직원들이 붕당을 지어 서로 감싸는 일이 있을 수 없다. 간혹, 붕당을 우려하여 부하들끼리 상호 견제케 하지만, 그것처럼 하수下手가 없다. 그 피해 또한 적지 않다. 그 같은 편법을 쓰면 리더의 약점이 들춰질 것이요, 상호 견제하는 부하들은 적대관계에 있게 되어 사서 풍파를 일으키는 꼴이 된다. 둘이 내통하여 의기 투합하면 한 마리의 늑대를 피하려다 두 마리가 함께 덤벼드는 위태로운 상황에 처한다. 그러므로 현명한 리더는 부하들로 하여금 각자의 직분만을 지키게 한다. 비록 슬기로운 행동으로 공을 세웠다고 해도 직분을 넘으면 칭찬하지 않고 경계한다. 자기 직분을 철저히 지키는 일, 그것은 바로 명분名分에 부합하는 것으로 절대적인 힘을 갖는다. 어느 대기업의 총수가 가장 무서워하는 직원은 정문 수위라고 한다. 그 말이 사실이라면 그는 분명 현명한 리더일 것이다.

삼성월드, 2002, 9, 22

갈무리하는 농부의 마음으로

농사일에는 요행이 없다. 그저 매사에 정성을 다할 뿐이다. 그리고 조용히 결과를 기다린다. "진인사대천명盡人事待天命" 그것이 농부의 본심이다. 자신이 최선을 다했어도 결과가 만족스럽지 못한 경우가 있다. 그렇다고 해서 그 일을 아예 버리려는가? 그렇다면 그는 한 번도 제대로 성공하지 못할 것이다. 농부는 한 해 농사를 망쳤다해서 농사를 내버리지 않는다. 쭉정이 벼 가운데서 볍씨를 고르는 농부의 마음을 헤아려 본다.

가을에 거둔 곡식 얼마나 되었던가

"십일월은 한겨울이라 대설 동지 절기로다 / 바람 불고 서리 치고 눈 오고 얼음 언다 / 가을에 거둔 곡식 얼마나 되었던가 / 몇 섬은 환곡 갚고 몇 섬은 세금 내고 / 얼마는 제사 지내고 얼마는 씨앗하고 / 도지도 되어 내고 품값도 갚으리라 / 꾼 돈 꾼 벼를 낱낱이 갚고 나니 / 많은 듯하던 것이 남은 것 거의 없다 / 그러한들 어찌할꼬 양식이나 아껴 보자 / 콩기름 우거지로 죽이라도 다행이다"

정학유丁學遊라는 실학자가 지은 농가월령가 중 11월령이다. 이제 한 해 농사일도 갈무리하고 지난 일을 정리하는 때이다. 거둔 곡식을 일일이 계산해서 지출하고 보니 남은 것이 별로 없다. "많은 듯하던 것이 남은 것이 거의 없는" 그런 때, 대부분의 사람들은 허탈감에 빠진다. 알찬 벼를 수확하기 위해 볍씨를 고르던 때가 거둔 곡식을 놓고 허탈해진 지금보다 행복했던 것 같다. 그래도 이 정도면 다행이다. 올 한해의 농사는 결실이 썩 좋지 않은 편이다. "꾼 돈 꾼 벼를 낱낱이 갚고 나면" 남을 것이 없다. 그러한들 어찌하겠는가. 그렇다고 해서 내년 농사를 포기할 것인가.

농부는 한 해 농사를 망쳤다 해서 농사를 내버리지 않는다.

농사는 시작과 끝이 달리 없다. 볍씨 고르고 뿌리는 일이 시작이요, 잘 익은 벼를 갈무리하는 일이 끝이겠지만, 그것은 한 해 농사만 지을 때 해당하는 말이다. 어느 농부가 한 해 농사만 짓고 마는가. 지금의 갈무리는 내년 농사의 시작이다. 항상 같은 일을 하건만, 농부는 매사에 정성을 기울인다. 볍씨를 고르는 일, 파종하는 일, 모내기, 논매기, 갈무리까지 어느 하나 소홀히 하지 않는다. 농사야 뿌린 만큼 거두는 것이요, 땀흘린 만큼 얻는 것이 아닌가.

농사일에는 요행이 없다. 그저 매사에 정성을 다할 뿐이다. 그리고 조용히 결과를 기다린다. 홍수로 인해 중도에 농사를 망치는 경우도 있다. 갈무리 때 찬서리를 맞아 쭉정이 벼가 되기도 한다. 일년 내내 땀흘려 일해서 쭉정이 벼를 수확한다는 것은 정말 억울한 일이다. 농부는 농사를 망쳐도 그 결과를 하늘의 탓으로 돌리거나 누구를 원망하지 않는다. 기회를 놓친 자신에게 잘못이 있다고 생각하기 때문이다. 한 해 농사를 망쳤다고 해서 논을 내버려두는 일도 없다. 그들은 내년을 기대하며 인내한다. 종자 볍씨를 건질 수 있었던 것만으로도 다행이라고 생각한다. 올해처럼 농사의 결실이 풍족하지 못하면, 구황식품이라 할 수 있는 도토리 열매가 많이 매달린다. 농부는 그것도 하늘이 미리 아시고 열매를 많이 맺게 하신 것이라고 말한다. 이 얼마나 아름다운 미덕인가.

종자 볍씨를 건진 것만으로도 다행이라고 생각하라.

요즈음 사람들은 일의 시작 때는 제법 정성을 기울이고는 어느 정도 성과가 나타나면 자만에 빠진다. 그리고 안일해진다. 종당에는 망치고 만다. 하던 일이 뜻대로 안되면 그 자리에서 엎기 일쑤다. 다시는 그 일을 하지 않는다. 매사에 그렇다. 그러고서도 자신의 불운을 개탄한다. "왜 자신에게는 기회를 주지 않는가."하고. 기회를 누가 주던가. 자신이 주어진 여건 속에서 찾아야 하는 것이 기회가 아닌가. 관심 있게 보라. 농부는 기회를 엿보지 않는다. 24절기의 변화를 오랜 체험을 통해 이미 인지하고 있다. 농사는 때가 있는 법, 때를 놓치면 망칠 수밖에 없다. 볍씨를 뿌려야 할 시기를 놓치면, 한 해 농사는 불가능하다. 갈무리도 때가 있다. 이때를 놓치면 알찬 벼가 쭉정이가 된다. 해야 할 때 할 일을 제대로 하는 것이 농사의 기본이다. 겨울에 씨를 뿌렸다고 해서 여름에 수확할 수 없는 일이다. 절기의 변화에 순응하여 최선을 다하는 일, 그것이 농부의 일이다. "진인사대천명盡人事待天命" 그것이 농부의 본심이다. 이러한 마음이 어찌 천하의 근본이 아니겠는가. 성공한 사람들은 대부분 그 같은 마음을 갖고 있다.

우리와 다른 농부의 산술을 배우라.

이제 작은 일 하나에도 정성을 기울이는 농부의 마음으로 한 해를 갈무리하자. 지금은 내년의 알찬 농사를 위하여 준비할 때이다. 비록 올 한해의 수확이 적었다해서 비관하거나 낙담하지 말라. 더더욱 그 일을 포기하지 말라. 사업가가 사업 실적이 적다고 해서 당장 일을 버리는 것은 농부가 한 해 농사를 망쳤다고 해서 터전을 버리는 것이나 다를 바 없다. 홍수로 인해 하천이 되어버린 농토를 다시 일구는 농부를 생각해 보라. 당장 내년에도 농사 지을 수 없는 땅을 일구고 있다. 그 곳이 볍씨를 뿌렸던 논이었기 때문이다. 우리의 보통 생각으로는 그 일은 무모하다. 농부가 어리석다고도 말할 수 있다. 그 같은 노력과 시간을 다른 곳에서 다른 일로도 그만큼의 대가를 받을 수 있을 것이다. 농부는 그렇게 생각하지 않는다. 농사는 한 해로 그치는 것이 아니다. 당장 황폐한 농토를 일구는 노동력만 말하면 손해일지 모른다. 그러나 그것은 평생 삶의 터전이다. 씨를 뿌리면 열매를 맺는 무한정의 땅이다. 어찌 당장의 이익만을 계산하겠는가. 한 번의 수고로 평생을 충만하게 살 수 있는, 그들만의 계산이다. 우리와 달리 계산하는 농부의 산술을 배우고 싶다. 언젠가는 그 농토에서 알찬 벼를 움켜주고 미소 짓는 농부의 충만한 모습을 생각해 보라. 이 얼마나 생산적이며 가상한 일인가.

삼성월드, 2002, 11, 26

게蟹 구멍

우리처럼 평범한 사람들은 부족한 것에서 족함을 느끼기란 어려운 일이다. 그러나 최소한 족한 것에서 족함을 느낄 수는 있어야 하지 않는가. 새해엔 내 주위에 함께 존재하는 것들 때문에 족하다는 생각을 가졌으면 좋겠다. 족하든 부족하든 그런 것들 때문에 행복하다는 사실도 발견했으면 좋겠다.

이젠 행복을 얘기하자

대통령 선거가 끝나자마자 어느 일간지에서는 "100년을 위한 5년"이란 특집을 냈다. 새로운 대통령에게 제시하는 각계 각층의 권위자들의 탁견을 모아 놓았다. 그 가운데 커다란 제목으로 "이젠 행복을 얘기하자"고 내건 것이 눈에 띄었다. 인간이 언제 행복을 꿈꾸지 않은 적이 있는가. 그러면서도 행복하냐고 물었을 때 "그렇다"고 말한 적은 있는가. 기왕 열심히 읽은 글이니까 대략 정리해 보인다. 새 정부의 국가 과제를 제시하기 위해 조사한 바에 따르면, 우리 국민의 상당수는 행복하지 못했다. 우리 나라는 교역규모 세계 13위이며, 인터넷 이용자 수가 세계 5위로 선진국의 문턱에 와 있다고 한다. 하지만, 우리의 절반 가까이는 행복을 느끼지 못했던 것이다. 2000년도 조사 결과보다 2배 이상이 "행복하지 않다"고 느꼈다고 한다. 어째서 점점 더 불행하다고 느끼는가. 지역간, 계층간, 세대간의 격차, 시민의식의 부조화 등이 그 원인이다. 대다수가 행복한 사회를 만드는 데 제일 중요한 덕목으로 투명성을 꼽았다고 한다. 이런 결과로 추이해 보면, 아마도 투명하지 못한 수단으로 큰 이익을 차지한 일부 지역, 계층, 세대 때문에 행복하지 못한 사회가 되었던 것 같다. 그렇다면 그런 갈등이 해소된다고 해서 과연 "행복하다"고 응답할까. 큰 이익을 거머쥔 일부 사람들은 "행복하다"고 응답했을까.

게도 제 몸 크기에 맞도록 구멍을 판다

우리 속담에 "게가 구멍을 따르지 구멍이 게를 따르랴" 또는 "게도 제 몸 크기에 맞도록 구멍을 판다"는 말이 있다. 짐작하듯이 무슨 일이든지 제 분수에 맞게 일을 해야 함을 역설한 말이다. 게는 바닷물이 빠지면 갯벌에 구멍을 뚫고 그 속에 들어가 제 몸을 감춘다. 그런데 그 게 구멍은 영락없이 게의 몸 하나가 겨우 들어갈 정도이다. 꼭 제 몸에 맞게 자신이 뚫어 놓은 구멍에 몸을 숨긴다. 그 구멍 위에 물이 고이면 구멍 크기는 물론 깊이도 헤아리기 어렵다. 그야말로 감쪽같이 몸을 숨긴다. 몸을 숨기므로 웬만한 경험이 없으면 그렇게 흔한 게 한 마리를 잡을 수가 없다. 만일 게가 자신의 몸보다 크게 구멍을 뚫는다면 드나들기는 훨씬 쉬울 것이다. 그러나 구멍이 크면 자신이 쉽게 잡힐 것이라는 사실을 게란 놈은 항상 잊지 않고 있다.

우리는 어떠한가. 우리들 대부분은 '게 구멍'을 아직도 보지 못하고 있는 듯하다. 인간이란 어찌 그렇게도 탐욕스러운 존재인가. 유행가 가사처럼 "알몸으로 태어나 옷 한 벌을 건졌다"는 만족감으로 살 수는 없는가. 이 정도는 수도승에게 맞는 이야기라면, 제 분수에 맞는 '구멍'의 크기는 생각이나 해 보았을까.

행복은 오로지 만족할 줄 아는 자의 것이다.

우리는 행복한 삶의 다양한 모습을 여러 글을 통해 읽어 왔다. 서양의 종교학자는 물질주의적 세계관을 뛰어넘어 '초월성'과 '구원'의 종교적 세계관을 강조한다. 동양에서는 '안빈낙도安貧樂道'를 강조한다. 중국 요임금 시대에 한 농부가 황제의 자리를 사양했다는 고사가 있다. 공자는 제자 가운데 안자顔子의 삶을 칭송하였다. "거친 밥을 먹고 물을 마시며 팔을 베고 누워 살면서도 그 가운데 도를 즐긴다"는 이른바 '안빈낙도'가 그것이다. 우리의 민요 가운데도 "나물 먹고 물 마시고 팔을 베고 누웠으니 대장부의 살림살이 이만하면 족하리라"는 사설이 있다.

조선 중종 때 학자 송익필宋翼弼의 시집에 「족부족시족足不足是足」이란 시가 있다. 첫머리를 "내 나이 칠십에 궁한 골짜기에 누웠노라니 사람들이야 부족하다고 하지만 나는야 족하다."고 하면서 궁벽한 시골에도 봉우리 위의 백운, 명월·매화·국화가 있어 족하다고 했다. 백발이 머리에 가득하니 나이도 족하다고 하였다. 실제, 그는 신분이 미천하여 불평스러운 삶을 살았다. 그렇지만, 이처럼 뒤집어 생각하며, 불만을 만족으로 여기며 평생 동안 마음 편하게 살았다. 그러기에 신분이 비천함에도 유림들의 추앙을 받고 있다. 그렇지 않은가. 세상사 마음만 바꿔 먹으면 부족하여 불만할 게 없다.

예전엔 모든 것이 부족해서 불만이었다. 그런데 지금은 부족해서보다는

족해서 불만인 것이 너무 많다. 한 예로, 먹을 것이 없어 무척 고생스러웠는데, 지금은 먹고 남는 음식쓰레기 때문에 골칫거리다. 그래서 불만이다. 장난스런 말이지만, 어떤 이는 불만이 없어 불만이라나. 왜들 그렇게 불만이 많은가. 그것은 족함을 느끼지 못해서이다. 족함은 많고 적음에 있지 않다. 오직 생각하는 이의 마음에 달려 있을 뿐이다. 우리처럼 평범한 사람들은 부족한 것에서 족함을 느끼기란 어려운 일이다. 그러나 최소한 족한 것에서 족함을 느낄 수는 있어야 하지 않는가. 내 주위에 함께 존재하는 것들 때문에 족하다는 생각을 가졌으면 좋겠다. 그리고 족하든 부족하든 그런 것들 때문에 행복하다는 사실도 함께 발견했으면 좋겠다.

밥 먹듯 돌아오는 야근, 학교 외에도 서너 개의 학원을 다녀야 하는 아이들, 짜증스러운 부정부패 뉴스들, 먹고 살 만하게 되었는데도 밀려오는 공허감, 이런 것들 속에서 우리는 오늘도 여전히 행복을 찾아 헤맨다. 새해 벽두부터 한 해를 설계한다. 무엇이 우리들을 행복하게 만드는지도 모른 채 거대한 이상을 꿈꾼다. 그들에 권하고 싶다. "열심히 일한 그대, 이제는 떠나라." 숨막히는 도시를 벗어나 갯벌 위를 걸어 보라. '게'가 사는 바닷가의 하루를 지켜보며 지금 '행복하다'는 사실을 느껴 보라. 게의 구멍을 바라보며 자신의 집이 왜 그렇게 커야 하는지를 반성해 보라.

삼성월드, 2003, 1, 1

사람의 마음을 얻는 일

세상에서 가장 어려운 일은 사람이 사람의 마음을 얻는 일이란다. 각각의 얼굴만큼 다양한 각양각색의 마음을… 사람의 마음을 얻는 일은 성공의 필수적 요소이다. 그러나 그것이 어찌 쉬운 일인가. 그러나 결코 바람을 잡는 것처럼 무모하거나 불가능한 일이 아니다. 바람 같은 마음을 머물게 할 수 있는 방법을 생각해본다.

세상에서 가장 어려운 일은 사람의 마음을 얻는 일

"열 길 물 속은 알 수 있어도 한 치 사람의 마음은 알 수가 없다."는 속담이 있다. 평생을 함께 부부로 살았어도 상대의 마음을 헤아리지 못한다고 한다. 그만큼 사람의 마음을 안다는 것은 어려운 일이다. 생텍쥐페리의 『어린 왕자』 중에 이런 구절이 있다.

"세상에서 가장 어려운 일이 뭔지 아니?" "흠… 글쎄요, 돈 버는 일? 밥 먹는 일?" "세상에서 가장 어려운 일은 사람이 사람의 마음을 얻는 일이란다. 각각의 얼굴만큼 다양한 각양각색의 마음을… 순간에도 수만 가지의 생각이 떠오르는데 그 바람 같은 마음이 머물게 한다는 건 정말 어려운 거란다."

알 수 없는 마음이기에 동서고금을 막론하고 상대방의 마음을 읽는 비책

을 탐구하였다. 궁예는 독심술讀心術이라는 비책을 지니고서 자신에게 저항하는 세력을 통제하였다. 사실 여부는 고사하고 역사드라마에서 궁예가 보인 독심술은 대단한 것으로 비쳐졌다. 그때 우리 모두는 그 같은 비책을 은근히 갈구하였다. 사람의 마음을 헤아려 알 수 있다면 세상사 못할 일이 있겠는가. 다행인지 불행인지 보통사람들은 그 같은 능력을 갖지 못하였다. 그러기에 사람들의 마음을 알려고 애쓴다.

마음은 믿음에서 움직여지거나 머문다.

누워 있는 거대한 코끼리를 일으켜 세우는 방법을 생각해보자. 무지하게 힘으로 세우려는 방법 말고 코끼리 스스로 일어나게 하는 방법이 없을까. 먹이나食, 짝짓기 대상色을 이용하면 어려울 것 같지 않다. 그것이 동물의 본능이니까. 사실 인간도 이 두 가지에 쉽게 유혹된다. 또 다른 방법은 위협을 가하는 일이다. 위험에 직면하고서도 그대로 있는 동물은 하나도 없다. 그러나 이 방법은 일시적인 것이요, 때로는 화를 자초할 수 있다. 가장 최선의 방법은 무엇일까. 바로 마음을 얻는 일이다. 스스로 복종하는 마음을 갖게 해야 한다. 그러기 위해선 무엇보다 믿음이 필요하다. 어린아이의 손에 이끌려 가는 거대한 코끼리의 모습을 상상해 보라. 무엇이 그렇게 할 수 있었는지. 어린아이와 코끼리 사이의 믿음이 그 같은 일을 가능하게 한다.

작은 믿음이 쌓여 큰 믿음이 된다.

믿음의 위력은 대단하지만, 시작은 아주 작은 것에서 비롯한다. 증자曾子는 일찍이 작은 믿음이 쌓여 큰 믿음이 된다는 진리를 실천해 보였다. 증자의 아내가 시장엘 가는데 아이가 울며 따라나섰다. 아내는 아이를 달래며 " 울지 말고 집에 가 있거라. 시장에 다녀와서 돼지를 잡아 삶아 주마"하였다. 증자는 아내가 시장에서 돌아오자 돼지를 우리에서 끌어내어 잡을 차비를 하였다. 아내가 펄쩍 뛰며 말했다. "아니, 아이가 울며 보채기에 달래려고 한 말인데" 증자가 말했다. "아이에게 거짓말을 해서는 안 되오. 아이들이란 그 부모를 배우고 자라는 것이오. 거짓말을 하게 되면 부모를 믿지 않을 것이오." 증자는 곧바로 돼지를 잡아서 아이에게 삶아 주었다. 아이에게 믿음을 주는 일이 돼지보다 중요하다는 사실을 일깨워준 고사이다.

지금의 우리는 전혀 그렇지 못하다. 성장하면서 실감하는 것은 "믿는 도끼에 발등 찍힌다"는 속담뿐이다. 아이러니하게도 "믿을 놈이 없는 세상"에서 "절대자 하나님을 믿사옵니다."를 외쳐댄다. 믿음이 없이 사람의 마음을 얻을 수 있단 말인가. 절대 그럴 수 없다. 사랑의 시작도 작은 믿음에서 비롯한다는 것은 누구나 아는 이야기이다. 좀 색다른 견해이지만, 사랑 애愛자를 자세히 살펴보면, 받을 수受자와 마음 심心자가 합쳐져 있음을 알 수 있다. 사랑한다는 것은 결국 "마음을 얻는 일"임을 증빙한다. 그런데도 "사랑은 하지만 믿을 수는 없다"는 이야기를 듣는다. 그런 사람들은 몸을 내던져 확인해 보여줘도 믿을 까닭이 없지만, 이 말이 그렇게 낯설지 않으니 서글픈 일이다.

바람 같은 마음을 머물게 하는 최선의 방법은

어린아이들은 모든 사실을 믿는다. 달나라에 옥토끼가 있다는 것과, 어린

왕자가 별나라에 살고 있다는 것과, 산타할아버지가 굴뚝으로 들어와 선물을 주고 간다는 것을 굳게 믿는다. 그러기에 코끼리와도 친해질 수 있다. 거대한 코끼리는 아이의 믿음을 믿기에 몸을 맡겨 이끄는 대로 따른다. 어른들은 언약이니, 신용이니, 공약이니 하면서도 전혀 믿지 않는다. 큰 약속일수록 더 안 믿는다. 그러니 사람의 마음을 얻을 수 없다. 아주 작은 것에서 절대적인 믿음이 생기고, 그것에서 사람의 마음을 얻을 수 있음을 기억하라. 모름지기 사람의 말은 믿음이 있어야 한다고 했다. 우선 믿을 수 있는 말로써 상대의 마음을 열라. 그리고 작은 일이라도 열린 마음에 신뢰를 쌓도록 노력하라. 아주 작은 믿음에서 목숨을 내던졌던 옛날의 명장과 병졸을 생각하면, 지금의 우리라고 해서 할 수 없을 리 없다. 다만, 하지 않을 뿐이다. 증자가 아이와의 믿음을 중시한 것처럼 윗사람들은 믿음을 줄 수 있도록 더 노력해야 한다. 커다란 포상금에 목숨을 내던지는 사람은 없다. 세상을 다 준다 해도 목숨과 바꿀 사람이 어디 있는가? 그런데도, 장수와 병졸은 작은 믿음에서 목숨을 던진다. 그만큼 믿음은 위대하다. 사람의 마음을 얻는 일은 곧 믿음에서 비롯한다는 사실을 다시금 기억하자. 시시각각 바뀌는 바람 같은 마음이라도 믿음은 바뀌지 않는다. 바람 같은 마음을 머물게 할 수 있는 최선의 방법은 바로 믿음이다. 우리는 보이지 않는 바람의 존재를 의심하지 않는다. 믿기 때문이다. 바람 앞에 서면 바람을 느끼게 되듯, 옆 사람을 믿고, 그의 얼굴을 보라. 그는 내게 미소 짓고 있다.

삼성월드, 2002, 10, 3

삼성퇴박물관의 옥석

옛날에는 아름다운 것을 옥玉이라 하였다. 어디 세상에 아름다운 것이 옥뿐이어서 그랬겠는가. 옛날에도 금과 은이 있었다. 그런데도 옥이 아름다움을 대표하는 이유는 어디에 있는가. 바로 '절차탁마切磋琢磨'란 단계를 거쳐야 아름다운 옥이 탄생하기 때문이다. 처음부터 아름답게 만들어진 옥은 없다. 자르고, 닦고, 쪼고, 갈아내야만 아름다운 모습으로 빛을 발한다. 그래서 학문과 덕을 쌓아 가는 사람의 모습을 옥을 다듬는 과정에 비유하여 말한다. 중국 삼성퇴박물관에 진열된 옥석을 통해 땅 속에서 옥돌을 발견하는 일도 중요하지만, 그것을 다듬는 노력이 더 필요하다는 사실을 되새겨 본다.

불가사의한 국보로 여겨지는 삼성퇴의 옥장玉璋

며칠 전 중국 사천성에 있는 삼성퇴박물관三星堆博物館을 다녀온 바 있다. 1992년도에 삼성三星지역의 고분에서 발굴된 유물을 전시하기 위하여 1997년도에 세운 박물관이다. 중국의 AAAA급 문화유적지로 지정되어 있다는 사실에서 그 진가를 짐작할 수 있다. 이 박물관의 유물이 4천년 전 중국의 과학기술 수준을 보여준다는 점에서 중국인들은 매우 긍지를 갖고 있다. 사실 중국의 여러 박물관을 견학한 바 있는 나 역시 놀라지 않을 수 없었다. 특히, 4천년 전에 만들어졌을 것이라고는 믿어지지 않는 청동기 유물과 옥 장식물이 이목을 끌었다. "이옥식천以玉飾天;옥으로 천하를 장식하다"이라고 이름 붙인 전시실에는 길이 104㎝, 두께 0.5㎝ 폭 10㎝ 남짓한, 옥으로 만든 장璋이 진열되어 있다. 재질이 분명 옥이었다. 옥을 그와 같이 가공할 수 있다는 것은 놀라운 일이다. 세공에 뛰어난 기술을 갖고 있는 중국인들조차 불가사의한 유물로 꼽고 있다. 안내자에 의하면 중국의 국보 가운데 하나라고 한다. 지금 그 옥장을 손에 들면 금방이라도 중간이 꺾어질 듯 날렵하다. 그런데 거기에다 문양까지 새겨 놓았다. 그 정도 크기의 청동검에 문양을 새긴다는 것은 가능할 것이다. 그러나 재질이 옥이라면 불가사의하다고 하지 않을 수 없다.

이 유물을 전시한 코너 입구에는 커다란 옥돌이 진열되어 있다. 자연 원석의 옥석玉石이다. 안내자의 설명을 듣지 않으면 그냥 자연스러운 돌덩어리로 생각하기 쉽다. 옥돌 한 구석에 절개하기 위해서 잘라 내려간 곳이 있다. 절개된 단면을 보고서야 모두들 옥돌임을 믿는다. 더욱 놀라운 것은 크기도 세계 최대요, 4천년 전의 유물과 발견된 최고의 것이라는 사실이다. 그 같은 돌덩어리를 땅에서 캐내어 불가사의한 옥장을 만들었다니 당시 사람들의 식견과 기술이 놀랍다.

옥과 돌의 차이는 절차탁마切磋琢磨에 있다.

옛날에는 아름다운 것을 옥玉이라 하였다. 어디 세상에 아름다운 것이 옥뿐이어서 그랬겠는가. 옛날에도 금과 은이 있었다. 그런데도 옥이 아름다움을 대표하는 이유는 어디에 있는가. 바로 '절차탁마切磋琢磨'란 단계를 거쳐야 아름다운 옥이 탄생하기 때문이다. '절차탁마'란 "자르고, 닦고, 쪼고, 간다"

는 말이다. 보통 학문과 덕을 쌓아 가는 사람의 모습을 말한다.

삼성퇴박물관 '이옥식천' 전시실 밖에 옥돌을 전시하고, 안에 옥장을 전시한 이유를 곰곰이 생각해보았다. 밖에 있는 것은 그저 옥돌 덩어리일 수밖에 없다. 그처럼 커다란 옥돌이 발견되었다는 것과, 옥돌을 연마하기 위하여 4천년 전에 어떠한 도구를 사용했을까하는 의혹을 야기할 뿐이다. 세상 어디인가에는 그보다 큰 옥돌이 땅속에 묻혀 있을 수도 있다. 그러나 옥으로 만든 옥장은 지금의 기술로도 제작이 불가능하다고 한다. 그런데 4천년 전에 연마하여 장식하였다는 것이다. 그것은 옥돌보다도 작지만, 비교할 수 없을 정도로 값지다. 정말이지 옥이 보배인 까닭은 절차탁마의 수고로움에 있는 것이다. 삼성퇴박물관의 옥석을 함께 보고서야 옥돌의 재질도 중요하지만 옥을 가공하는 기술과 수고로움이 더욱 값지다는 사실을 절감하였다. 절차탁마의 수고로움을 기울이지 않은 옥돌은 돌덩어리 일뿐이다.

흔히 사리에 어두운, 지혜롭지 못한 사람의 식견을 일러 "옥석玉石을 구별하지 못한다"고 한다. 그리고 아무리 값진 보화라도 결함이 있으면, "옥에 티"라고 한다. "금에 티"라는 말은 없다. 재질이 어떠한 것이든 값진 물건이나 결과에 결함이 있으면 "옥에 티"라고 하는 데, 역시 값진 재질보다는 그것에 기울인 노력의 결과를 더욱 중시해서 한 말일 것이다. 옥과 돌의 차이는 바로 절차탁마의 과정에 있는 것이다.

경영인은 옥석을 구별하는 감식안과 절차탁마의 기술이 필요하다.

인재를 발굴하여 뛰어난 경영인을 양성하는 길도 이와 다르지 않다. 인재

를 발견하는 일은 땅 속에서 옥돌을 찾는 일과 같다. 값진 옥은 우선, 재질이 좋아야하지 않는가. 값진 옥장을 만들자면 옥석을 구별하는 지혜를 갖춰야 한다. 무한히 넓은 땅 속에서 옥돌을 찾아낸다는 것은 쉬운 일이 아니다. 옆에 두고도 옥인지 돌인지 구별 못하는 이가 얼마나 많은가. 옥석을 구별하는 감식안은 오랜 경험과 노력에 의해서만 마련된다. 육안肉眼이 아닌 혜안慧眼으로 보아야 값진 옥석을 발견할 수 있다. 인재를 발굴하는 일도 이와 다르지 않다. 무한한 잠재력을 육안으로 어떻게 볼 수 있겠는가. 혜안이 아니면 불가능하다.

그리고 선별된 옥돌은 절차탁마의 기술과 노력을 무단히 기울여야 한다. 그래야 값진 옥장이 된다. 발굴된 인재 역시 절차탁마의 기술과 노력을 요한다. 그러나 실제는 어떠한가. 공들여 발굴만 해놓은 상태로 있는 경우가 허다하다. 절차탁마의 지루한 과정을 견디지 못하거나, 기다려주지 않아 버려지는 경우가 적지 않다. 참된 경영인이라면, 옥돌의 재질도 중요하지만 옥을 가공하는 기술과 수고로움이 더욱 값지다는 사실을 인식하여야 한다. 삼성퇴의 옥장이 중국의 국보로 지정된 이유는 재질이 뛰어나서가 아니다. 지금도 불가사의한 절차탁마의 기술에 있는 것이다.

귀국 즉시 언젠가 해남 보길도에서 주워온 돌을 살펴보았다. 분명 재질은 자갈돌이었다. 그런데도 옥처럼 느껴졌다. 오랜 동안 파도에 의해 절차탁마의 과정을 거쳤기 때문이다.

삼성월드, 2002, 10, 17

익지 못한 벼는 피만도 못하다

땀 흘린 만큼 느껴지는 풍요와 충만함의 계절

이제 한 해의 절정기를 맞는 듯하다. 내가 머물러 사는 처인재處仁齋는 지금 풍요 그 자체이다. 창문 앞에 펼쳐진 들판과 산, 시내를 보면 처인재 주인은 어느새 부자가 된다. 밤새 안경을 바꿔가며 시달렸던 두 눈동자도 오색빛을 발한다. 산엔 단풍이 풍요롭다. 들은 온통 황금빛이다. 텃밭에 심은 김장 배추는 제법 잎새를 벌리며 자리를 틀었고, 청무는 흰 속살을 내보였다. 어느 곳에서든 빈곤한 모습을 찾을 수 없다. 아침 햇살과 함께 이들 광경을 보고 있다는 것이 얼마나 행복한 일인가. 뙤약볕 속에서 땀을 흘리며 텃밭을 일궜던 수고로움이 없었다면 이런 충만의 기쁨은 피상적인 것일 수밖에 없다.

이제 겨우 삼년 남짓 지켜본 시골의 정취이지만, 오늘 아침의 광경은 내겐 특별한 의미를 지닌다. 처음 이곳에 옮겨왔을 때는 벼와 피도 구별하지 못하였다. 농약을 살포하는 박씨에게 환경오염 운운하며 따져들었던 적도 있다.

한창 벼가 익을 무렵에는 가로등 때문에 심한 갈등을 가진 적도 있다. 밤이 되면 누군가가 집 앞의 가로등을 열심히 끈다. 그 이유를 알게 된 것은 한참 뒤였다. 오곡이 익자면 잠을 자야 한다는 것이다. 식물도 잠을 잔다는 사실을 그 때야 알았다. 벼와 피를 구별할 수 있었던 것은 작년 여름이었다. 논 가운데 훤칠하게 웃자란 피는 뽑아내야 벼가 잘 자란다. 지금은 농약을 살포하여 피가 적지만, 예전에는 논매기만큼이나 '피사리'피를 뽑아내는 일가 힘들었다고 한다. 게으른 농부의 논에는 벼가 반, 피가 반이라는 말도 있다.

오곡의 하나였던 피를 재배하는 농부는 없다.

피는 풀이지만 곡식과 같은 종류이다. 그 열매 또한 먹을 만하다. 문헌에 따라 약간 다르나, 오곡 가운데 피가 포함되어 있다. 벼·기장·보리·콩과 함께 곡식으로 취급되었던 작물이다. 언제부터인지 피 대신 조粟가 들어가 오곡으로 일컬어졌다. 피는 불량한 환경에서도 적응하는 힘이 강하여 구황작물로 애용되었다. 벼가 재배되기 힘든 산간지나 북부지방의 냉수답에서 재배되었다. 평야지대에서는 거의 재배하지 않는다. 벼처럼 영양가가 있거나 맛이 아름답지는 못하다. 오곡이 풍성하면 피를 먹을 사람이 없다. 흉년에야 피라도 훑어 죽을 쒀서 겨우 연명하는 것이다. 얼마나 영양분이 없으면 "피죽도 얻어먹지 못했나"라는 말이 있겠는가. 우리가 사는 지금 세상은 정말이지 풍요롭다. 들판에는 오곡만 풍성하다. 아니, 오곡 가운데 기름진 벼만 풍성하다. 기장·보리·콩도 이제는 보기 어렵게 되었다. 그만큼 농사 환경이 좋아졌고, 사람들의 입도 고급스러워졌다.

오곡은 우리 식생활에 중요한 다섯 가지 곡식이라는 뜻으로 쓰이기도 하다. 각자가 다 중요한 곡식이다. 그런데도 지금은 벼만 남아 주곡主穀으로 여겨지고 있다. 다른 곡식은 이미 우리의 입가에서 멀어졌고, 이름조차 낯설다. 지금의 농부는 볍씨만 뿌린다. 보리와 기장도 거의 재배하지 않는데, 피를 일부러 심을 농부는 한 사람도 없다. 그래서 그런지 피는 뿌리지 않아도 벼에 기생하여 저절로 생장한다. 소외된 만큼이나 강하게 생장한다. 정성을 들여 자란 벼보다도 항상 웃자란다. 벼는 어떠한가. 지금의 벼는 저절로 생장하지 못한다. 좋은 볍씨를 가려 좋은 토양에 뿌려야 한다. 생장 과정에 적정한 여건을 만들어 주고, 열매가 잘 익을 때까지 정성을 기울여야 한다. 오곡이 함께 생장하였던 시대에는 벼도 지금같이 연약하지는 않았을 것 같다. 토양에 따라 제각기 최적의 조건을 갖춰 생장하였을 것이고, 큰 재앙이 없는 수확기에는 나름대로 풍성했을 것이다. 사람들은 오곡밥을 골고루 섭취해서 영양 면에서도 별 문제가 없었을 것이다.

어째서 농사일이 천하의 근본이라 했는가.

예로부터 "농자천하지대본農者天下之大本"이라 했다. 어째서 농사일이 천하의 근본이라 했는가. 농사는 시작과 끝이 달리 없다. 볍씨 고르고 뿌리는 일이 시작이요, 잘 익은 벼를 갈무리하는 일이 끝이겠지만, 그것은 한 해 농사만 지을 때 해당하는 말이다. 어느 농부가 한 해 농사만 짓고 마는가. 항상 같은 일을 하건만, 농부는 매사에 정성을 기울인다. 볍씨를 고르는 일, 파종하는 일, 모내기, 논매기, 갈무리까지 어느 하나 소홀히 하지 않는다.

그러고도 천재가 있어 농사일 망치게 되어도 누구를 원망하지 않는다. 한 해 농사를 망쳤다고 해서 아예 논을 내버려두는 일이 없다. 그들은 내년을 기대하며 인내한다. 종자 볍씨를 건질 수 있었던 것만으로도 다행이라고 생각한다. 농사야 뿌린 만큼 거두는 것이요, 땀 흘린 만큼 얻는 것이 아닌가. 농사일에는 요행이 없다. 그저 매사에 정성을 다할 뿐이다. 그리고 조용히 결과를 기다린다. "진인사대천명盡人事待天命" 그것이 농부의 본심이다. 이러한 마음이 어찌 천하의 근본이 아니겠는가. 요즈음 사람들은 하던 일이 뜻대로 안되면 그 자리에서 엎기 일쑤다. 다시는 그 일을 하지 않는다. 매사에 그렇다. 일의 시작 때는 제법 정성을 기울이고는 어느 정도 성과가 나타나면 자만에 빠진다. 그리고 안일해진다. 종당에는 망치고 만다.

이제 알찬 벼를 수확하기 위해 볍씨를 고르던 때를 생각하면서 농사를 갈무리할 때이다. 아무리 좋은 볍씨를 뿌려 정성을 들여 키웠어도 갈무리를 잘못하여 쭉정이가 된 벼는 실속이 없다. 아까워서 혹시나 하는 마음으로 수확을 해보지만 "깨진 그릇 맞춰보기"에 지나지 않는다. 이런 경우에는 차라리 피가 나을 수도 있다. 마지막까지 잘 익은 벼를 거둘 수 있도록 최선을 다해야 한다. 쭉정이 벼는 피만도 못하다. 작은 일 하나에도 정성을 기울이는 농부의 마음으로 한 해를 갈무리하자. 한줌 알찬 벼를 움켜주고 미소짓는 농부의 충만함을 생각해 보라. 이 얼마나 가상한가.

삼성월드, 2002, 10, 22

크게 생각할수록 크게 이룬다

이 세상에 하찮은 일이 어디 있는가. 세상의 모든 일은 필요에 의해 존재한다. 일의 크고, 작음, 귀함과 천박함은 일에 종사하는 사람들의 생각에 따라 달라질 뿐이다. 크게 생각하는 것이란, 자기가 하는 작은 일에 큰 의미를 부여하는 것이다. '청소부'가 '미화원'으로, '때밀이'가 '목욕관리사'로 바뀌었다. 스스로 자신의 작은 일을 크게 생각한 사람들이 바꿔 놓은 산물이다. 세상의 어떤 큰일도 애초엔 미미한 일에서 시작되었음을 명심하라.

'때밀이'를 '목욕관리사'로 바꾼 사람

언젠가 목욕탕에서 있었던 일이다. '때밀이'라는 직업을 가진, 아니 지금은 '목욕관리사'로 칭하는 한 사람이 얼굴이 상기되어 있었다. 며칠 전에만 해도 풀이 죽어 불평에 가득 찼던 그의 얼굴에 꿈이 가득 차 있어 보였다. 여느 때보다 열심히 때를 밀었다. 분명 좋은 일이 있을 것이라는 짐작으로 말을 건넸다. 이런 일이 있었다. 모 방송국 프로그램에 그와 같은 직업을 갖고 있는 사람이 출연하여 성공담을 늘어놓았다. 출연자 역시 가난에 찌들려 택한 직업이 '때밀이'요, 그 일을 25년 동안 해왔다. 그는 목욕에 관련된 여러 가지 아이디어 상품을 개발해서 특허까지 받아 놓았다. 사업 성공의 비결을 터득하여 제법 돈도 벌었다. 그는 25년간 많은 상류층의 사람을 접하면서, 그것도 알몸으로 가장 가까이 접하면서 비결을 하나하나 깨우쳤다. 보통 사람들은 성공한 사람들의 이야기를 들으면 그 일을 따라서 똑같이 하게 마련인데, 그는 그렇게 생각하지 않았다. 자신의 직업인 '때밀이'에서 최고가 되는 길을 택하였다. 스스로 명칭을 '목욕관리사'로 바꿨다. 손님은 '때밀이'를 불렀어도, 자신은 '목욕관리사'로 당당한 직업에 종사하였다. 그는 성공의 비결이 '스킨십'에 있다는 사실도 깨달았다. 알몸으로 가까이서 고객과 은밀히 이야기를 나눌 수 있다는 자신의 직업이야말로 사업 성공의 최고 조건이라는 사실을 깨달은 것이다. 그는 이제 일본으로의 진출을 시도하고 있다. 그리고 캐나다로의 진출을 기획하고 있다. 나아가 세계의 '목욕문화'를 이끄는 경영자로 서겠다는 것이 그의 현실적인 꿈이다. 그는 이제 '때밀이'를 '목욕관리사'로 바꿔 놓았다. 처음부터 그렇게 생각했을까. 전혀 그렇지 않다. 자신이 하는 작은 일에도 큰 의미를 부여하며, 그때마다 생각을 키워 왔을 것이다.

세계 최대의 성당을 지은 벽돌공

정말이지 생각은 미래를 바꿔 놓는 원동력이다. 같은 일인데도 생각에 따라 아주 달라진다. 큰일인데도 생각이 작으면 작게 된다. 아주 작은 일인데도 크게 생각하면 그만큼 커진다. 옛 성현들이 "호연지기浩然之氣를 길러라" "청년이여 야망을 가져라" 강조한 것이 다 이유가 있다. 데이비드 슈워츠라는 사람이 쓴 『크게 생각할수록 크게 이룬다』라는 책 가운데 이런 말이 있다.

「세 명의 벽돌공이 부지런히 벽돌을 쌓고 있었다. 어떤 사람이 그 벽돌공에게 물었다. "무엇을 하고 있습니까?" 첫번째 벽돌공이 이렇게 대답했다. "벽돌을 쌓고 있어요." 두번째 벽돌공이 대답했다. "시간당 9달러 30센트짜리 일을 하고 있소." 세번째 벽돌공은 이렇게 대답했다. "나요? 나는 지금 세계 최대의 성당을 짓고 있어요." 이 세 사람의 미래는 과연 어떻게 변해 있을까?」

세계 최대의 성당을 짓는데서 벽돌 쌓는 일은 극히 부분적인 것으로, 하찮은 일로 생각될 수 있다. 벽돌 한 장 한 장이 쌓여서 건축물이 완성된다는 사실을 몰라서 그렇게 생각하는 것도 아니다. 자신이 하고 있는 일에 대해서 별로 의미를 두지 않기 때문이다.

지금 하고 있는 작은 일에 큰 의미를 부여하라

이 세상에 하찮은 일이 어디 있는가. 세상의 모든 일은 필요에 의해 존재한다. 세상의 어떤 것이든 작은 것이 큰 것을 작은 것이 큰 것을 이루고, 적은 것이 모여 많은 것을 이루는 법이다. 그래서 노자는 "천하의 어떠한 어려운 일도 애초엔 쉬운 것에서 비롯되었으며, 천하의 어떤 큰일도 처음엔 세세한 일에서 시작되었다"고 했다. 일의 크고, 작음, 귀함과 천박함은 일에 종사하는 사람들의 생각에 따라 달라질 뿐이다. 길거리를 청소하는 미화원들이 없다면 주변은 어떻게 되겠는가. 그들은 벌써 '청소부'에서 '미화원'으로 탈바꿈했다. 단지 쓰레기를 내다버리는 '청소부'가 아니다. 도시의 정화와 미관을 담당하는 '미화원'으로서의 긍지를 지니고 있다. 대학을 졸업한 이들이 미화원 모집에 응시했다는 것이 화제에 올랐었다. 흔히들 말한다. “얼마나 취업이 어려우면 그렇겠느냐”고. 그러나 그렇게만 생각할 이유가 없다. 그들은 분명 빗자루를 들고 골목을 쓸어내는 작은 일을 거대한 사업체로 일궈 놓을 것이다. 지금의 '미화원'을 또 다른 이름으로 바꿔 놓을 것이다.

'때밀이' 직업을 가진 사람이 매일같이 남의 몸에서 더러운 때를 밀고 있다는 생각으로 일해 왔다면 매일의 생활이 불평스러웠을 것이다. 같은 일이지만 더욱 힘들었을 것이다. 지금처럼 성공하지도 못했을 것이다. 앞으로의 꿈도 가질 수 없을 것이다. 머지않아 그는 일본이나 미국 사회에서 최고의 목욕관리 시스템을 자랑하는 경영자가 되리라 믿는다.

세상에서 아무리 큰 것이라도 그 처음은 아주 미미하다. 유럽의 거대한 성당도, 중국의 만리장성도, 이집트의 피라밋도 작은 벽돌 하나로 시작한 것이다. 왜 있지 않은가. 성경에 “네 처음은 미미하나 그 결과는 창대하리라”는 말이. 우리 속담에도 “천리 길도 한 걸음부터”라는 말이 있다. 지금의 일을 하찮게 생각하면서 언젠가는 “꿈☆은 이루어진다”는 망상에 집착하지 말라. 처음부터 크고 작은 일은 없다. 귀하고 천한 일도 없다. 자신의 일을 발견하고, 자신이 하고 있는 작은 일에 큰 의미를 부여하는 것이 성공의 비결이다. 그것이 바로 크게 생각하는 것이다. 벽돌을 쌓아 가며 세계 최대의 성당을 짓는다는 자긍심을 지닌 벽돌공의 생각을 배우자. '미화원'과 '목욕관리사'의 자긍심을 배우자. 데이비드 슈워츠의 말을 거듭 생각해본다. 크게 생각할수록 크게 이룰 수 있다.

삼성월드, 2002, 12, 20

화살과 수레바퀴

이 세상 사물 중에 손을 대지 않고 그대로 사용할 수 있는 것들이 있을까. 대나무가 아무리 곧다해도 그대로 화살로 쓸 수 없다. 저절로 둥글게 생겨 수레바퀴로 쓸 수 있는 나무도 없다. 그런 것처럼 아무리 뛰어난 재주가 있다 해도 곧바로 큰일에 쓰일 수 있는 사람도 없는 것이다. 자질이 곧은 나무를 골라 다듬어서 화살을 만들 듯이, 나무를 굽게 다듬어 바퀴를 만들 듯이, 인재를 골라 부단히 절차탁마切磋琢磨해야 소기의 목적을 이룰 수 있을 것이다.

화살로 바로 쓸 만큼 곧은 나무는 없다

씨앗이 아무리 실하다고 해도 손을 보지 않고 알찬 열매를 맺는 과일 나무는 없다. 북을 주고, 거름을 주고, 적당한 온도와 습도가 필요하다. 이런 것들이 저절로 되는 것 같지만 전혀 그렇지 않다. 대나무처럼 곧은 나무가 있을까 싶다. 대나무가 지조나 절개를 상징하는 것도 곧은 성품 때문이다. 그런데도, 손을 대지 않은 채 바로 화살로 쓰일 만큼 곧은 대나무는 없다. 곧은 것 같아도 잘라 놓고 보면 휘어 있다. 당장 화살로 쓰일 만큼 곧은 대나무가 나오길 기다리다가는 백 년이 걸려도 화살 하나를 못 얻을 것이다.

화살은 몸체와 오늬, 깃으로 되어 있다. 몸체로 쓰이는 나무는 시누대이다. 오늬는 싸리나무를 쓴다. 깃은 꿩깃을 쓴다. 하나의 화살을 만들기 위해선 시누대를 적절한 크기로 잘라서 충분히 건조시킨 후 약한 숯불에 쪼이면서 바로 잡는다. 궁시장弓矢匠은 오랜 동안 숙달된 솜씨로 화살의 몸체를 곧게 편다. 한쪽 눈을 감고 시누대의 곧기를 재는 모습은 예사롭지 않다. 옆에서 보면 아주 쉬운 일인 것 같아도 그렇지 않다. 숙련된 궁시장이 아니면 그 일을 하지 못한다. 그리고 곧바로 펴진 시누대에 오늬와 깃을 다는 작업에 들어간다. 궁시장의 말을 들어보면, 화살을 만드는 공정도 활처럼 여간 까다롭지 않다고 한다. 옛날 전쟁터에서 쓰였던 수천 수만 발의 화살이 그렇게 만들어졌다니 놀라운 일이다.

저절로 둥글게 생겨 수레바퀴로 쓸 수 있는 나무도 없다.

당장 화살로 쓰일 나무가 없는 것처럼, 저절로 둥글게 생겨 수레바퀴로 쓸 수 있는 나무도 없다. 그같이 굽은 나무를 기다리다가는 천 년이 걸려도 바퀴 하나를 얻지 못할 것이다. 수레바퀴는 인류의 문명사에 있어 중요한 역할을 했던 도구이다. 학설에 의하면 서기전 3천년경 서아시아에서 처음 사용했을 것으로 추정한다. 우리 나라에서도 신라 가야시대의 고분에서 수레 모양의 토기가 출토되는 것을 보면 사용시기가 꽤 오랜 것 같다. 근래까지 흔히 사용하였던 수레의 바퀴는 괴목으로 만든 것이다.

수레바퀴는 텟쇠, 빗등, 살, 장구통, 간철로 구성된다. 텟쇠는 바퀴를 보호하기 위해 둘러놓은 쇠로 지면에 닿는 부분이다. 빗등은 바퀴의 테를 이루는 목재이다. 이것은 반드시 단단한 괴목槐木으로 만든다. 뒷바퀴에 쓰이는 경우는 빗등이 7개로 되어 있다. 살은 바퀴테를 유지하기 위해 빗등과 장구통을 연결하는 부분이다. 참나무가 쓰이며 14개로 되어 있다. 장구통은 중앙에 구멍이 뚫린 수박만한 나무통으로 괴목으로 만들며, 살이 모두 여기에 꽂힌다. 간철은 장구통을 보호하기 위해 안팎에 둘러놓은 쇠이다.

이러한 바퀴에서 가장 중요한 부분이 바퀴의 테를 이루는 빗등이다. 수레바퀴는 7개로 된 빗등이 완벽하게 조화를 이루어 바퀴테를 이룰 때 완성된다. 어느 하나라도 일그러지면 수레바퀴는 균형을 잃어 일그러진다. 바퀴를 만드는 목수는 빗등을 제작하는 데 가장 힘을 들인다. 화살과는 반대로 곧은 나무를 깎고 다듬어 굽게 만들어야 한다. 일곱 개가 모두 같은 모양으로 굽어야 한다. 이 작업 역시 여간 숙련된 장인이 아니면 불가능한 일이다.

장인은 당장 화살이나 수레바퀴로 쓰일 나무가 있다해도 구하려 애쓰지 않는다.

바로 화살로 쓸 수 있을 만큼 곧은 나무, 바로 수레바퀴의 빗등으로 쓸 수 있을 만큼 둥글게 생긴 나무란 백년에 하나를 얻기도 어려운 일이다. 수많은 사람이 수레를 타고 다닐 수 있고, 수많은 궁사가 활을 쏘아 사냥할 수 있는 것은 모두 은괄隱括; 굽은 나무를 곧게 펴는 일과 곧은 나무를 둥글게 만드는 일의 덕분이다. 비록 은괄의 기술을 필요로 하지 않을 만큼 당장 화살로 쓰일 곧은 대나무가 있다해도 궁시장은 그것을 찾아내려 하지 않는다. 빗등으로 쓰일 둥글게 생긴 나무가 있더라도 목수들은 그것을 찾아내려 애쓰지 않는다. 왜냐하면, 수레를 탈 사람이 하나밖에 없는 것이 아니며, 세상 사람들이 한 대의 화살로는 아무 것도 할 수 없기 때문이다. 결국, 장인은 구하기 쉬운 시누대와 괴목을 구하여 펴고直, 굽게曲 만든다. 그래야만 필요한 만큼의 화살과 수레를 만들 수 있다.

사람들 사는 세상의 이치가 다 그러하지 않는가. 저절로 그대로 쓸 수 있는 물건이 얼마나 되는가. 옥도 다듬어야 되고, 구슬도 꿰어야 되고. 그런데도, 인간을 경영한다는 기업에서는 좀 달리 생각하는가보다. 해마다 요즈음이면 기업에서는 우수한 인재를 선발한다. 잘 다듬어진 옥이나, 끈에 꿰인 구슬만을 요구한다. 인사팀의 임원들은 대나무 밭을 헤매며 당장 쓰일 화살을 찾아다니고 있다. 한 쪽에서는 수레바퀴의 빗등으로 쓰일 굽은 괴목을 찾아 산 속을 헤매고 있다. 얼마나 고달픈 일인가. 이제 우리들은 대나무 밭의 시누대를 베어다가 화살을 만드는 궁시장의 능력을 갖춰야 한다. 괴목을 베어다가 빗등을 깎는 목수의 실력을 연마하는 데 더 노력해야 한다. 그리고, 대를 이어 그 일을 할 수 있는 꿈나무를 길러야 한다. 시누대와 괴목이 없으면, 명장名匠이 있다해도 화살과 수레바퀴를 만들 수 없지 않은가.

삼성월드, 2002, 11, 9

태산에 오르다

"태산이 높다하되 하늘아래 뫼이로다.~"로 시작하는 양사언의 시조를 읊조리며 태산을 올랐다. 평생을 평지에서 살았던 중국 사람들에겐 태산이 높을 수밖에 없었을 것이다. 중국 사람들의 그 같은 생각을 전해들은 조선조의 사람들은 아예 오를 수 없는 산으로 여겼을 것이고…. 그처럼 오를 수 없다고 여겼던 태산을 오만스럽게 올랐다. 자주는 아니지만 가끔 중국을 여행하면서도 태산에 오른 것은 처음이다. 태산에 오르자는 동반객들이 없었기 때문이다.

곡부에서 공자孔子를 뵙고, 북경으로 귀환하면서 일부러 들렀다. 무더위 장마철에 태산에 오른다는 생각이 처음부터 무리였다. 태산 입구에 조성된 공원에 서자마자 동반객 중에서도 포기하자는 이야기가 나왔다. 더위에 지쳤던 때문이고, 더 큰 이유는 으레 겁먹었던 때문이다. 곡부의 평지만 걸어 다니다가 태산 앞에 서니 과연 높기는 높다. 입구에서부터 정상까지 전부 돌계단으로 이루어져 있다. 누가 이 태산에 돌계단을 만들 생각을 했을까? 중국인들이 아니고서는 생각조차 안했을 것이다. 수십 년 아니 그 이상을 걸쳐서 조성했을 돌계단을 보고 놀란다.

더욱 놀란 것은 그 계단을 오르내리는 짐꾼이다. 태산에 오르내리다보면 여행객의 짐을 맡아서 정해진 장소까지 날라다 주는 짐꾼들이 자주 눈에 띈다. 늙은이는 70세가 되어 보이고, 젊은이라야 30대이다. 긴 장대 양끝에 짐을 매달고 여행객 사이를 비집고 계단을 오르내리는 모습은 차력사의 곡예이다. 한참을 서서 짐꾼을 지켜보았다. 반바지차림에 뒷굽이 없는 가죽신, 더러는 웃통을 벗은 채이고, 머리엔 수건을 둘렀다. 어깨엔 장대의 홈 자국이 완연하다. 늙은 짐꾼의 어깨엔 아예 장대 굵기만큼 파여 있어서 연륜을 말해준다. 한결같이 그들의 몸통은 여위어 있다. 군더기 살은 하나도 없다. 근육질뿐이다. 왜소한 그들이 짊어진 짐은 그들의 몸통을 가릴 정도로 크다. 그래도 무게만큼의 대가를 받게 되니, 그들에겐 문제가 아닌 듯싶다. 여러 짐 사이에 그리 크지 않은 가방도 들어있다. 그런 가방쯤이면 주인이 들어도 될 성싶은데, 중국인들은 그런 생각을 안 하나보다. 하기야 짐을 맡기는 것이 짐꾼을 도와주는 것이니까, 그것이 선행일 것 같다. 그래도 내 생각으론 심하다는 생각이 든다. 뒤에서 오르는 두 명의 짐꾼은 건축자재를 짊어졌다. 한 사람은 목재를, 한 사람은 모래를 담은 부대였다. 40~50킬로그램은 됨직하다. 그 짐을 지고 태산을 오른다. 함께 오르던 일행은 주저앉아서 가쁜 숨을 내쉬고 있고, 어떤 이는 놀라서 입을 다물지 못하고 있다.

상상해보라. 20센티미터 좁은 돌계단에서 3미터 정도의 긴 장대에 건축자재를 메고 태산에 오르는 모습을... 그것은 신앙인의 고행苦行이 아니고, 그들 삶의 방편方便이다. 올라갈 때는 감히 말도 건네지 못하고, 내려올 때 조심스럽게 물어보았다. 보통 하루에 세 번 오른다고 한다. 우리 걸음으로 두 서너 시간은 걸리는 거리이다. 게다가 돌계단으로 조성된 언덕길을 여행객 사이를 비집고 다녀야 하는 길인데…….

매일 그들은 무슨 생각을 하며 태산을 오를까? 70세 늙은이는 30년 이상이나 그 일을 했다고 한다. 30대 짐꾼이 태어나기 전부터 태산을 오르는 것이다. 수십만 명의 여행객 속에서 무거운 짐을 짊어지고 태산에 오르면서 무슨 생각을 했을까? 아니, 70세 늙은이의 표정에는 그야말로 무념무상이다. 호흡을 조절하는 숨소리 외엔 아무 것도 없다. 시선은 오로지 발끝에 모아졌고, 머리는 계단을 향해 있을 뿐이다. 정신을 한 곳에 기울이면 이루지 못할 일이 없다精神一倒何事不成는 경지일까? 그들의 단련된 몸짓과 눈빛을 보면서 태산에 서 있음을 망각하였다. 오랜 숙원이요, 억지로 고집해서 찾은 태산에 와서는 태산을 볼 수 없었다. 태산에 오르면서 태산을 즐기려던 생각이 헛된 일이라는 생각까지 들었다.

이건 또 무슨 조화일까? 7부 능선쯤 도착했을 때 장대비가 쏟아졌다. 불손한 마음으로 태산을 오르는 우리를 벌하려는 것 같았다. 태산 입구에서 반갑게 맞이하던 날씨와는 전혀 다르다. 순식간에 계단 위로 흐르는 빗물이 시내를 이룬다. 10여 분만에 물줄기가 계단을 덮어 보이지 않는다. 철제 난간을 부여잡고 겨우 발을 옮기면서도 정상을 향했다. 이젠 내려가야 옳을 것이라는 생각이 들었지만, 오기가 발동한 것이다. 언제 다시 태산을 오르겠는가? 간이 상가에서 우의를 사서 입고는 다시 올랐다. 이젠 천둥이 치고 벼락이 때린다. 오기를 벌하려는 뜻이었을 것이다. 거의 다 올랐을 때는 벼락이 철제 난간을 쳤다. 난간을 잡은 손등을 타고 팔뚝으로 파란 섬광이 스쳤다. 순식간의 일이라서 아무것도 느낄 수 없었다. 뾰족한 쇠붙이라도 갖고 있었다면 태산에서 벼락 맞아 죽었을지도 모르는 일이었다. 그 일로 인해 우스갯소리가 생겼다 "태산에서 벼락 맞아 봤어?" 겨우 정상에 있는 작은 사찰인가 암자에서 탈진한 상태로 주저앉았다. 서로가 생존해 있다는 사실에 감사하였다. 시킨 사람도 없는데 모두가 불당에 들어가 향을 올리고 경배하였다.

한참을 쉬면서 서로 이야기를 꺼냈다. "아까 왜 내려가지 않고 여기까지 올라왔어?" "정상 부근에 케이블카가 있다고 해서, 그것 타고 내려가려고…" "아니 이 미친 사람아! 정신 있어? 이렇게 천둥 벼락 치는데 케이블카가 어떻게 움직여?" "맞다. 맞아. 그런데 왜 그런 생각을 못했지" 어떻든 그 사람은 케이블카를 타려는 방편으로 태산의 정상까지 올랐다. 모두가 태산의 풍광보다는 태산에 오르면서 경험하는 경이로움에 감동하는 것 같다. 영산靈山은 산신山神이 허락하지 않으면 오르지 못한다고 하더니, 태산도 그 하나임에 분명하였다.

불경스런 마음을 접자 날씨도 개였다. 계단을 내려오는 발걸음이 한층 가벼웠다. 중간쯤에 있는 휴게실에서 도삭면刀削麵으로 요기하고 내려오다가 함께 오르던 짐꾼을 만났다. 상가 추녀 밑에서 담배꽁초를 물고 하늘을 쳐다보고 있었다. 짐은 어디에다 두었는지 긴 장대만 어깨에 비스듬히 걸쳐져 있었다. 어느새 정상에 올라갔다 왔던가? 억수 장대비를 맞으면서 짐을 메고 올라갔단 말인가? 아무리 기억을 더듬어도 앞서 지나간 짐꾼은 없었다. 그동안 이 자리에서 비를 피해 쉬고 있었던 것이다. 관심은 짐의 소재지였다. 한참을 찾아보니 목재와 모래부대는 비를 맞은 채 허름한 상가 뒤 헛간에 있었다. 그 짐꾼은 비에 젖은 목재와 모래를 지고 다시 올라야 한다. 우리가 그 자리를 떠날 때 짐꾼도 일어서서 올라갈 준비를 서둘렀다. 일당은 같을 텐데 무게는 비에 젖어 엄청 더할 것이다. 나중에 안 사실이지만 일당이 인민폐 3백원(3만원) 정도란다. 그 정도의 대가를 받으며 기꺼이 태산에 오르는 70세 늙은 짐꾼을 생각하니, 맨손으로 오르는 우리로서는 불평할 일이 없다. 태산을 케이블카로 오르는 이가 있는가 하면, 맨 손으로 계단을 오르는 이가 있다. 그리고 남의 짐을 메고 오르는 짐꾼이 있다. 물론, 그들은 각각의 행복을 추구하면서 태산에 오른다. 누가 더 행복한지는 알지 못해도, 짐꾼이 꼭 불행한 것만은 아닌 것 같았다. 계단을 빈 장대만 메고 뛰어 내려오는 짐꾼의 발걸음은 그야말로 나는 듯 가벼웠다.

한참동안 생각에 잠겼었다. 똑같이 태산에 오르면서 우리는 짐의 무게만큼 불평하고 있지 않은가? 그런데 짐꾼은 짐의 무게만큼 행복을 느끼고 있다. 짐을 지고 벗는 것이 차이가 없을진대 생각이 이같이 달라진다. 무거운 짐을 지고 태산에 오르며 30여 년을 보낸, 늙은 짐꾼에게서 태산의 풍광 이상의 것을 느낄 수 있었다. 오만함을 벌하려 했던 천둥과 벼락, 쓸어버릴 듯한 돌계단의 물길에서 겸손함을 배울 수 있었다. "못 오를 리 없었던 것"이 아니라, "감히 오르지 않았을" 선현의 식견을 다시금 생각한다.

2004, 8, 15

없어도 좋은 것들

해외여행용 가방 하나에 담아 온 짐이 1년도 못되어서 곱절이 되었다. 아니, 그 이상인 것 같다. 귀국할 때 혼자 실어가지 못할 만큼 쌓였으니, 뭔가를 덜어내야 한다. 포장한 짐을 다시 풀어서 덜어내다 보니, 웬걸 가져갈 것이 없다. 다시 주워 담아 최소한으로 줄였다고 생각하였는데, 그래도 가져온 짐보다 많다. 망설이다가 짐을 풀어 연구실에 놓은 채 숙소로 돌아왔다. 숙소에 와서 보니 또 한 짐의 보따리가 있다. 궁리 끝에 다 버리고, 챙겨야 할 것만 헤아렸다. 여권, 항공권, 교통비는 있어야 귀국할 수 있겠고, 그동안 자료를 담아 놓은 노트북은 가져가야겠고, 그 다음은… 당장은 없어도 될 것들이다. 짐이 없으면 해외여행용 가방도 필요가 없다. 꼭 필요한 것은 노트북 가방에 넣어 당장 떠나도 될 성싶었다. 그렇게 떠나보자는 결정을 하고 잠자리에 들었다. 다시 생각해보니, 여간 손해가 아니다. 돌아가면 다시 써야 할 물건들이다. 일일이 사려면 꽤 많은 돈이 필요할 것 같다. 어찌해야 하는가? 필요한 것만 다시 추슬러 올 때만큼의 부피로 줄였다. 나머지는 남 주자니 찜찜하고, 버리자니 여간 아깝지 않다. 크게 맘먹고 그렇게 하기로 하였다.

흔히 알다시피 모든 사람이 "빈손으로 왔다가 빈손으로 간다空手來 空手去"고 한다. 그 사실을 모를 리 없건만, 고작 보따리 짐 하나 싸는 데 생각이 혼란스러운지 모르겠다. 오래 전에 읽었던 법정法頂스님의 『무소유』 한 구절이 떠올랐다.

"간디 어록을 읽다가 이 구절을 보고 나는 몹시 부끄러웠다. 내가 가진 것이 너무 많다고 생각되기 때문이다. 적어도 지금의 내 분수로는 그렇다. 사실, 이 세상에 처음 태어날 때 나는 아무것도 갖고 오지 않았었다. 살 만큼 살다가 이 지상의 적籍에서 사라져 갈 때도 빈손으로 갈 것이다. 그런데 살다 보니 이것저것 내 몫이 생기게 되었다. 물론 일상에 소용되는 물건이라고 할 수도 있다. 그러나 없어서는 안 될 정도로 꼭 요긴한 것들 만일까? 살펴볼수록 없어도 좋을 만한 것들이 적지 않다."

'무소유'의 법정스님마저 "내가 가진 것이 너무 많다."고 고백하는 것을 보면, 나는 없어도 좋은 것들을 너무 많이 갖고 있는 것 같다. "가졌다"는 것은 그만큼 이루었다는 뜻도 된다. 보통 그런 사람을 성공했다고 한다. 모두가 선망하며 추종한다. 그러나 가진 것이 많다고 여겨지는 당사자는 오히려 부족한 것이 많다고 자책한다. 그저 겸손이 아니라, 고민할 만큼 심각하게 부족함을 느끼는 정도이다.

선배교수의 수필집 『가진 것이 없어야 마음이 편타』라는 책 속의 글이 실감된다. 솔직히 나는 그만큼 가진 것이 아님에도 불편한 것은 무엇 때문인가? 남 주거나 버리기에 인색하기 때문이겠고, 없어도 좋을 만한 것들을 너무 많이 갖고 있기 때문일 것이다.

귀국 보따리에서 덜어낸 물건들을 내려다보니, 왜 이런 것들을 덜어내는데 주저했을까 자괴감이 든다. 처음엔 꼭 필요한 것이기에 사들인 것이다. 누군들 필요하지 않은 물건을 사들이겠는가? 많은 것들이 쌓이다보니 점차 뒤로 물려지고, 종당에는 내버려지는 것이다. 언젠가 필요는 하겠지만 더 이상 없어도 좋은 것들이다. 겨우 1년도 안 되는 기간 동안 "없어도 좋은 것"들 때문에 얼마나 많은 부끄러운 짓을 했을까? 그것을 갖기 위해 욕심내다가 더 큰 것을 잃어버린 것은 아닌가? "단순하게 생각하자" "버릴 것은 버리자"라는 생각이 언제 이처럼 본래의 모습으로 되돌아 와 있는가? 달라진 게 없다면, 왜 여기 와서 있었단 말인가? 그간의 일이 얼마나 나의 체면을 세워준 것들이었는지 모르지만, 겨우 1년도 안 되는 기간에 세 번씩이나 일을 핑계로 오고 갔던 것이 더없이 부끄럽다. 없어도 좋은 것들을 챙겨 넣는 작은 마음이 더없이 측은하기까지 하다. 스스로 위안한다. 그래도 갖고 온 만큼만 다시 갖고 간다고…, 이제는 가방의 크기를 줄여야겠다고…. 내가 짊어질 수 있을 만큼의 짐만 메고 다니다가 힘이 부칠 때마다 덜어 놓을 생각으로 되돌아간다.

2005, 10, 5

일본에서 술자리 옆에 있다가 들은 이야기 가운데 이런 우스갯소리가 있다. "세상에서 가장 못난 사람은 평생 돈을 모아서 죽은 뒤 자식들 싸움질시키는 놈이고, 그 다음은 모은 돈 다 쓰지도 못하고 죽는 놈이고, 그 다음은 젊어서 바람 한 번 피지 못한 놈"이란다. 놈들의 생각이니 놈들은 동감하지 않을 놈이 없을 것이다. 이 말을 진작 알았으면 "돈 쓰면서 바람이나 피울 것"이라고 후회할지 모른다.

밥만 먹곤 못살아

어른들은 어린아이들의 편식을 무엇보다도 근심한다. 늘상 식탁에서 "골고루 먹어야 한다"고 강조한다. 아이가 싫어하는 것은 강제로 먹이다시피 한다. 자신들 스스로 편식하고 있음은 깨닫지 못하면서도. 마찬가지로, 아이들에겐 '밥만 먹곤 못산다'며 행복하게 살기 위해서 무엇을 해야 하는지를 열심히 가르친다. 스스로는 '밥'을 위해 살면서도.

식食과 색色은 인간의 본능

"밥만 먹곤 못살아"

우리는 이 말에서 여러 가지를 연상한다. 우선 밥은 족히 먹으니 또 다른 무엇이 필요하다는 투로 즐겨 쓰는 말이다. 고상한 취미를 이야기할 땐 음악감상이니, 연극 영화감상이니, 독서니 취미니 등등을 떠올린다. 스스로 밥만 먹는 하등동물이 아니라는 사실을 힘줘 강조하면서 쓰던 말이다. 뒤로는 이런 생각에서 더 많이 쓰인다. 다름 아닌 성적性的 불만의 표시이다. 경제적 여유가 있어도 성적 욕구가 채워지지 않을 경우에 되씹는 말이 바로 "밥만 먹고 사냐"이다. 오랫동안 구금된 사람의 강한 불만이 바로 "밥만 먹고 사냐" 가 아닌가. 식食과 색色은 인간의 본능이다. 사람일 수 있는 까닭에 이 두 가지가 빠질 수 없다. 물론 다른 동물들도 이 두 가지는 갖추고 있다. 맹자는 여기에 사단四端;인의예지을 겸비한 것이 인간이라 했다. 그저 '먹는 것'만이 인간에게 능사가 아니라는 이야기이다. 서양의 명언 중에도 있지 않은가. "인간은 빵만으로는 살 수 없다"고. 밥이나 빵 외에 무엇을 먹어야 하는가.

밥 외에 필요한 세 가지 식사

우리는 "밥만 먹곤 못살아"라는 말을 고상한 경우보다는 성적 음담淫談으로만 해석하려는 경향이 짙다. 그러나 알고 보면, 이 말은 부처님께서 제자를 깨우치기 위해 하신 말씀이다. 부처님은 인간이 인간다운 인간으로 성숙하기 위해서 밥만 먹고 살 수 없으니, 밥 외에도 세 종류의 식사를 더 하여야 한다고 깨우치고 있다. 바로 촉식觸食·식식識食·사식思食이 그것이다.

우선, 부처가 처음으로 설파한 식사는 촉식觸食이다. 다시 말해 오감五感으로 먹는 식사이다. 눈으로 먹어야 하고, 귀로 먹어야 하고, 피부로도 먹어야 한다. 눈으로는 밝고 아름다운 것, 귀로는 맑고 아름다운 것을, 피부로는 부드러운 감촉을 먹을 수 있어야 한다는 것이다. 흔히들 지혜로운 사람을 총명聰明하다고 한다. 총명은 바로 맑은 소리를 들을 수 있는 귀를 가진 사람, 밝고 아름다운 모습을 볼 수 있는 눈을 가진 사람을 말한다. 보고도 보지 못하며, 듣고도 듣지 못하는 이들이 얼마나 많은가. 자신의 눈과 귀를 막고, 편견과 아집에 사로잡힌 자들은 또한 얼마나 많은가. 총명한 사람은 남보다 잘 듣고, 잘 보고자 한다.

두번째는 식식識食으로, 지식과 기술, 학문 등 여러 가지 배움의 식사를 하여야 한다. 배우지 않고서도 사물의 진리를 아는 사람을 선지자先知者라 한다. 이들은 절대자적인 위치에 있다. 그 외에 모든 평범한 사람들은 배우지 않고 알 수가 없다. 선지자들의 지식과 기술, 학문을 배워야 한다. 밥을 먹듯이 배움의 식사를 하여야 한다. 필요에 의해서 간혹 배우는 것이 아니라, 밥을 먹듯이 자연스럽게 배워야 한다. 우리 나라 속언에 "밥 먹듯이 한다"는 말이 있다. 그렇게 학식을 익혀야 한다.

세번째는 사식思食이다. 이 사식은 인간만이 할 수 있는 식사이다. 무한한 창조적 사상과 미래를 설계하는 희망, 종교, 철학, 예술 등의 원초적인 자질이 될 수 있는 생각의 식사이다. "배우기만 하고 생각하지 않으면 안 배운 것과 같다"고 했다. 우리가 평소에 "하기사 그건 그런데"라는 말을 자주 쓴다. 바로 '하기사'는 '학이사學而思'이다. "배우고, 배운 것은 생각해 본다"는 뜻이다. 생각이 없는 배움은 모방에서 벗어날 수 없다. 따라서 정체적인 죽은 지식일 뿐이다. 반대로, 생각만 하고 배움이 없다면, 그 결과는 위태로운데 빠지고 만다. 그것은 망상妄想에 지나지 않는다.

어른들도 골고루 먹어야 한다.

어른들은 아이들의 편식을 무엇보다도 근심한다. 항상 식탁에서 "골고루 먹어야 한다"고 강조한다. 아이가 싫어하는 것은 강제로 먹이다시피 한다. 자신들 스스로 편식하고 있음은 깨닫지 못하면서도 마찬가지로, 아이들에겐

"밥만 먹고 못산다"며 행복하게 살기 위해서 무엇을 해야 하는지를 열심히 가르친다. 스스로는 '밥'을 위해 살면서도 아이들을 위해 차려 놓은 식탁은 정말이지 진수성찬이다. 아이들이 소화할 수 없을 정도이다. 반면, 어른들의 식탁은 빈곤하기 짝이 없다. '밥' 외에 마련된 것이 없다. 편식하지 않는 아이들은 육체는 물론 마음이 건강하다. 그들은 부드러움과 사랑에 충만해 있으며, 그들의 생각은 마법의 성안에 있는 '비밀의 방'을 넘나들고 있다. '밥'만 먹고사는 어른들은 그야말로 '밥보바보'이다. 하늘의 별을 볼 수 있었던 눈엔 들판의 꽃조차 보이지 않고, 흰눈의 부드러움을 느낄 수 있었던 피부는 차가움에 민감할 뿐이다. 밀폐된 콘크리트 방 속에서 꿈조차 꾸지 않는다.

부처가 설파했듯이 촉식觸食·식식識食·사식思食, 이 세 가지 식사를 골고루 하지 못할 때 인간의 정서는 메말라진다. 촉식을 하지 않을 때, 그는 따뜻한 가슴과 사랑을 잃게 된다. 거친 손으로 꽃잎의 부드러움을 느낄 수 없듯이 무감각해진다. 식식을 마다할 때, 그는 오로지 '밥'을 위해 사냥하는 짐승에 지나지 않는다. 사식을 게을리 할 때, 그는 미래와 희망을 갖지 못한 채 하등동물로 전락하고 만다. 이제 어른들도 골고루 먹어야 한다. 어렸을 때 감각과 생각을 되찾아야 한다. 그곳에 행복이 있었지 않았는가.

용인문단 10호, 2006. 10.

가화만사성家和萬事城

'가화만사성家和萬事成', 이 말을 모르는 이가 있을까. "집안이 화평해야 모든 일이 잘 이루어진다."는 뜻이다. 누구에게나 가장 흔한 말이면서도 나이 들수록 오히려 더욱 깊이와 닿는 말이 아닌가. 그런데도 사람들은 큰일에만 온 힘을 쏟을 뿐, 집안일에는 별 관심이 없다. 매사에 성공하려면 우선 집안이 화평해야 한다. 그러기 위해선 무엇보다 먼저 자신의 마음이 따뜻해야 한다.

일을 즐기려면 우선 집안이 화평해야 한다.

한 때 로또복권으로 전 국민을 흔들어 놓더니, 요즘은 한 연예인의 파경설이 뒤이어 화제에 올랐다. 이유가 어떻든 남편은 아내를 야구방망이로 구타해서 구속되었다. 오죽 급했으면 구조요청을 했을까? 이제 집안 싸움에도 구조대가 동원되어야 하니 끔찍한 일이다. 한 번의 실수로 그 같은 지경에 이르렀다고 보지 않는다. 크든 작든 적지 않은 불화가 있었을 것이다. 그것이 앙금이 되어 쌓이고, 결국은 터지고 만 것이다. 그러한 가운데서도 남을 즐겁게 하기 위해 일했던 연예인의 속내는 얼마나 고달팠을까. 되돌아보면 요즈음 그의 개그와 몸짓은 뭔가 부자연스러웠다. 안쪽의 사정을 감추려 했는지 과장이 지나쳤었다. 그것은 속내를 감춘 절규였을지도 모른다. 아무도 그의 속내를 모른 채 즐거워만 했다, 그저 "아무개 요즘 잘 나간다"는 정도로 인식했을 뿐이다. 우리 주변에는 그이처럼 속내를 감추고 일에만 빠져있는 이들이 적지 않다. 일을 즐기기보다는 속내를 감추기 위해 몸부림치는 이들이 많다. 그들이 이루어 놓은 결실이 과연 튼실할까. 겉으로는 알차다할지라도 뭔가 부실할 수밖에 없다. 언젠가는 낭패가 되고 만다. 일을 즐기는 것과, 일에 빠질 수밖에 없는 것과는 결과에서 분명히 차이가 있다. 기왕 할 일이면 즐기는 편이 현명하다. 그러자면 우선 집안이 화평해야 한다.

'가화만사성', 이 말을 모르는 이가 있을까. "집안이 화평해야 모든 일이 잘 이루어진다."는 뜻이다. 누구에게나 가장 흔한 말이면서도 나이들수록 오히려 더욱 깊이 와 닿는 말이 아닌가. 그런데도 사람들은 큰일에만 온 힘을 쏟을 뿐, 집안일에는 별 관심이 없다. 집안에 있었던 일은 밖의 큰일에 가려져 앙금으로 남는다. 그것이 축적되어 결국은 불화를 가져온다. 집안의 불화는 밖에서 그대로 나타난다. 얼마간은 안팎의 일을 구분해서 달리 처신할 수 있겠지만, 그렇게 하는 본인의 속내는 얼마나 고달프겠는가. 얼마 못 가서 결국은 터지고 말 것이다. 결국은 파경에 이르고, 밖의 일마저도 낭패가 된다. 안팎의 모든 일을 잃고 만다.

화평의 근원은 조화에 있다.

한 가정의 근원은 조화에 있다. 그러기에 혼례는 "모든 일의 시작이요 만복의 근원"이라 했다. 성씨가 다른 두 사람이 한 가정을 이룬다는 것은 여간 큰일이 아니다. 가문이 나서는 것도 그 때문이다. 지금은 단지 두 사람만의 결합을 뜻하지만, 그리고 그런 이유 때문에 혼례보다는 결혼이라는 말을 주로 쓴다. 혼례식이 아닌 결혼식은 단지 통과의례의 절차에 지나지 않는다. 결혼한 부부는 신혼여행에 나서면서부터 '하나'임을 강조한다. 외양은 신발부터 머리까지 완전하게 일치한다. 누가 보아도 그들은 부부이다. 속내는 어떤지 몰라도, 그들은 지나칠 정도로 '하나' 임을 강조하지만, 오히려 그것 때문에 둘로 갈라지고 만다. 그들이 혼례를 잘 모르기 때문이다. 혼례는 이성지합二姓之合이다. 본래부터 '둘'이었다. 혼례 후에도 '둘'이라는 사실은 변함이 없다. 그들은 동화同化가 아닌 조화調和를 위해 각기 노력해야 한다. 각자 개별성을 인정하고 고유의 직분을 알심 있게 지켜야 한다. 가정을 위해 조화에 힘을 쏟아야 한다.

장자莊子가 피리를 예로 들어 말한 것이 있다. 피리에는 7개의 구멍이 있다. 물론 위치와 크기는 같지 않다. 같은 호흡으로 불어도 나는 소리가 모두 같다면 음악이 이루어질 리 없다. 각자의 소리를 변함없이 정확하게 낼 때, 그리고 완벽한 조화를 이룰 때 멋진 가락이 어우러져 나온다. 이를 중화中和라고 한다. 중화는 예로부터 중시된 치도治道의 근본 사상이다. 중화에서의 중中은 내적 중립성을, 화和는 외적 적합성을 말한다. 여기서 중中은 일반적으로 생각하는 공간적 등거리서의 중中이나, 서로 다른 이론의 절충적 의미를 뜻하지는 않는다. 화는 동화同化가 아니다. 바로 조화調和;harmony이다.

조화를 이루기 위해선 먼저 따뜻한 마음을 가져야 한다.

중화中和에서 중시하는 것은 조화이다. 물감을 섞어서 혼합색을 만들어내는 것 같은 동화가 아니라, 피리구멍에서 제각기 나는 소리가 어울려 가락을 이루는 것 같은 조화이다. 부부의 관계는 동화가 아니라 조화에 있음을 깨달아야 한다. 서로의 차이를 인정해야 한다. 지금 세상에 신혼 초부터 기氣싸움으로 상대를 제압하려는 것처럼 어리석은 일이 없다. '일심동체一心同體'는 조선시대에, '이심동체二心同體'는 신혼기에, '이심각체以心各體'는 중년기에 해당하는 말이란다. '하나'가 되자던 그들이 어쩌다 이 지경에 이르렀는가. 그들은 이제 남도 아닌 원수이다. 그런 원수지간으로 헤어진 이들이 수없이 많다고 하니 더욱 한심스럽다. 둘은 '하나'가 되려는 시작부터 문제인 것 같다.

직장에서의 팀워크도 이와 다르지 않다. 완벽한 팀워크은 팀원들의 모든 것이 '하나'가 됨에 있지 않다. 서로의 개별성을 유지하고 조화를 이루는 데 있다. 피리 구멍 하나하나처럼 각자의 역할에 충실해야 한다. 팀장은 팀원들이 같아지길 기대해서는 안 된다. 모두 똑같으면 누군가 한 사람 외엔 모두 불필요한 사람이다. 동화가 아닌 조화를 위해 조절하고 이끌어가는 이가 바로 팀장이요, 리더이다.

조화의 기본은 중절中絶에 있다. 내적 중립성과 외적 적합성이 완벽하게 일치됨이 최선의 도이다. 이러한 완벽한 조화를 위해선 먼저 자신의 마음이 따뜻해야 한다, 자신과 같지 않은 마음을 인정하는 따뜻한 마음이 있어야 한다. 그것이 공자가 말하는 인仁이다. 인을 베풂이 덕德이다. 사람은 무엇보다도 인덕이 있어야 한다. 그 근원은 바로 부부의 조화에서 비롯한다. 부부의 조화가 가정의 화평을 이루고, 그로 말미암아 가문이 선다. 그 다음에야 치국治國과 평천하平天下도 가능한 것이다. '가화만사성', 가장 흔한 이야기인 만큼 더욱 값진 명언임에 틀림없다.

2003.1.29.

좋은 사람과 유능한 사람

주변에 '좋은 사람'들이 많으면 그만큼 행복할 것이다. 주변에 '유능한 사람'이 많으면 어떻게 될까. 나는 결코 행복하지 못할 것이다. 새해 벽두부터 "행복하세요?"를 물으며 행복지수를 따지던 사람들이 "오늘날의 사회는 유능한 사람이 필요하다"고 힘써 강조한다. 학교에서도 "좋은 사람"이 되라고 가르치기보다는 "유능한 사람"이 되라고 가르친다. 세상을 사는 이치가 다 그렇듯이 "좋기도 하고 유능한 사람"이 될 수 없다면, 차라리 '좋은 사람'이 되었으면 좋겠다.

남을 편하게 하는 좋은 사람들

그렇게 부잣집이 아니었는데, 그 집엔 동네 아이들로 항상 꽉 차 있었다. 비좁은 방에 포개 앉아서 무엇을 하며 놀았는지 그 집에서는 항상 배를 쥐고 웃는 소리가 났었다. 때로는 그 친구 엄마가 빗자루를 내던지며 "이제 오지마!" 외쳐대도 아이들은 아랑곳없이 그 집에 모여들었다. 그 친구가 다른 아이들보다 잘 생겼거나, 똑똑하거나, 힘이 센 것도 아닌데 그랬다. 그 집에는 분명 무언가 다른 집에서 느낄 수 없는 것이 있었다. 그 집에는 무엇이든지 그저 편했다. 지금 생각해 보아도 그것 때문에 아이들이 모여들었음이 분명

했다.

공자의 말씀을 배우고, 어른이 되어서야 그것이 '덕德'일 것이라고 생각했다. 공자는 "덕이 있는 사람은 외롭지 않다. 반드시 이웃이 있기 마련이다."고 했다.

'덕'이 무엇인가? 아무런 조건 없이 남을 돕는 것?,

꼭 집어 말하기는 어렵지만 덕이 있는 사람은 아무런 조건 없이 남을 자유롭게 한다. 덕이 있는 사람은 남을 무조건 편하게 한다. 덕이 있는 사람은 이해득실을 따져서 좋으면 웃고, 나쁘면 찡그리는 양면성을 모른다. 쓰면 뱉고 달면 삼키는 '유능한 사람'과는 다르다.

장자莊子도 무조건 남을 편하게 해주는 덕이 있는 사람을 '좋은 사람'이라고 여겼다. 그의 책 가운데 「덕충부」에 열거한 인물들은 외모보다는 덕으로써 남다른 관심을 끌었던 사람들이다. 여러 사람이 있지만, 너무나 못생긴 위魏나라의 애태타哀駘它를 들어보자.

그는 얼굴만 못생긴 것이 아니다. 곱사등이다. 그런데도 그를 한번 만난 적이 있는 사람은 그를 못 잊어한다. 그를 만난 적이 있는 여인네들 가운데는 "다른 남자의 아내가 되느니. 그의 첩이 되겠다."는 사람이 있었다고 한다. 그가 별다른 재주를 가졌던 것도 아니다. 말을 잘하는 달변가도 아니다. 늘 남의 의견을 따라 줄 뿐이고, 자신의 의견을 보여준 적이 없다. 남들이 부러워할 만큼 권력이나 재물이 있는 것도 아니다. 지식이 남보다 뛰어난 것도 아니다. 그렇지만, 그를 그리워하고 따르는 사람이 많았다. 이점에선 보통사람이 아님이 분명하다. 애공哀公은 그런 소문을 듣고 일부러 불러 들였다.

정말로 마주 볼 수 없을 만큼 못 생겼다. 그러나 그와 함께 한 지 한 달도 못 되어 그의 사람 됨됨이에 이끌리게 되었다. 점차 그를 믿게 되었으며 대신의 자리도 내주었다. 나중에는 나라를 맡기려 하였다. 그러자, 그는 미련 없이 애공을 떠났다. 애공은 "무엇인가 잃은 것 같다. 즐거움을 나눌 수 없다." 고 하면서 애타게 그를 그리워하였다.

연애는 '좋은 사람' 과 결혼은 '유능한 사람' 과

개혁이란 말이 낯설지 않을 정도로 요즈음은 모든 것이 바뀌고 있다. 급변하는 주변 환경에서 우리는 정말로 어떻게 살아야할지 모른다. 그러다보니 뚜렷한 삶의 좌표 없이 목적만 내세운다. 그러면서도 행복을 열망한다. 새해 벽두부터 "행복하세요?"를 물으며 행복지수를 따지던 사람들이 "오늘 이 사회는 유능한 사람이 필요하다"고 힘써 강조한다. 학교에서도 '좋은 사람이' 되라고 가르치기보다는 '유능한 사람'이 되라고 가르친다. 지금 세상에서 필요한 것은 '좋은 사람'이 아니라 '유능한 사람'이기 때문이다. '유능한 사람'을 부의 잣대로 가늠하니 더욱 문제가 아닐 수 없다. 오죽하면 '부자아빠'가 아니면 소외되고 만다. 동화책에서도 '경제동화'라는 용어가 생겼다. 이제 나이 사십인 직장인이 "은퇴까지 얼마나 벌어야 할까"를 고민한다. 아이 어른 할 것 없이 말한다. "꿈을 이루기 위해선 돈이 꼭 필요하다."고, 그들에게 삶의 좌표는 오로지 '돈'이다. 부자가 되기 위해 그들은 오늘을 산다. 정말이지 '돈 세상'이다. '돈'에 돌아버린 사람들이 사는 세상이다. 삼십이 넘은 이가 돈을 벌어야 결혼한다고 한다. 글쎄, 우리나라에도 지참금 제도가 생겼나?

결혼정보회사가 생기더니 이제는 결혼박람회까지 열린다. 무엇으로 선남선녀를 가늠하는지 궁금하다. 잣대가 '좋은 사람'이 아니고 '유능한 사람'일 것이다. 뻔하지 않은가. 스무살 꽃띠 아가씨에게 물으면, 연예는 '좋은 사람'과 결혼은 '유능한 사람'과 하겠단다. 설사 인연이 아니어서 헤어진다 해도, 영원히 '좋은 사람' 하나쯤은 필요할 것이라는 속셈이다. 그리고, '유능한 사람'과 결혼하여 백년해로한다면 더없이 좋은 일일 것이다. 그러나 그것은 희망일 뿐, 실제 그런 최선의 사례를 보지 못했다. 자신은 유능한 사람의 무능한 배우자라는 사실을 깨달은 뒤부터는 결코 행복하지 못했기 때문이다. 평생을 행복하게 함께한 사람들의 기억에는 '유능한 사람'보다는 '좋은 사람'이 남기 마련이다.

'좋은 사람' 이 많은 세상으로 바꿔지길 바라며

어렸을 때 친구의 집은 부자가 아니었다. 오히려 가난했다. 그런데도 그 집에선 모든 것이 편했다. 애타는 외모까지 흉측한 사람이었다. 그런데도 애공의 신임을 받았다. 그가 옆에 있으면 무조건 자유로웠다. 세상 사람들은 애태타가 그냥 좋았을 뿐이다. 내 주변에 애태타처럼 '좋은 사람'들이 많으면 얼마나 좋을까. 그처럼 행복한 일이 없을 것이다. 주변에 '유능한 사람'이 많다면 나는 어떻게 될까. 결코 행복하지 못할 것이다. 무능하다는 사실을 일깨워준 그들에게서 평안하거나 자유로울 수 없기 때문이다. 주례선생의 말씀대로 선남선녀善男善女: 좋은 남자, 좋은 여자를 뜻한다.들이 만나서 아이를 낳고, 그 아이들이 살아가는 세상인데, 왜 '좋은 사람'이 소외되어야 할까. 애태타처럼 남들에게 그렇게 '좋은 사람'으로 남을 수 있는 사람이 얼마나 될까. '유능한 사람'이 아니어도 불행하지 않다고 말하는 사람은 얼마나 될까. 아무런 이유 없이 좋았던 그 친구가 더욱 그리워진다. 지금은 5층 건물로 바뀌었지만, 양철지붕의 그 집에서 빗자루를 내던지며 쫓아내던 친구의 어머니가 그리워진다. 그 집에서 느낄 수 있었던 편안함을 이 사회에서 다시 한번 느끼고 싶다.

용인문단 7호, 2003.1.15

갈림길

황새꽁지

황새 꽁지는 무슨 색인가.

흔히들 눈에 보이는 것이 모두 실제인 양 착각하는 이가 많다. 그래서 직접 보지 않고는 믿을 수 없다고 목청 높여 우겨댄다. "봤어, 봤어"하고, 그렇게 말하다가 끝내 자신의 뜻과 일치하지 않으면 "두 눈 뜨고 본 것이 고작 그것이야" "안경까지 끼고서" 하며 독설도 서슴치 않는다. 그런데 이 정도는 오히려 좀 나은 편이다. 아예 직접 보지도 않고 매사를 자신의 억측으로 단정하고마는 이가 적지 않다. 가령, "신문에 났어." "텔레비전 뉴스에 보도되었어."를 근거로 매사에 우겨대는 족속들이 그 실례이다. 그러나 이 같은 생각이 얼마나 잘못된 편견인가를 다음 이야기에서 볼 수 있다.

"만약 황새의 꽁지가 무슨 색깔이냐고 묻는다면 사람들은 다 검다고 할 것이다. 이것은 이 새의 두 날개가 꽁지에 모여서 검게 보이기 때문이다. 그러나 실제로 꽁지의 색깔은 희다."

이는 성현의 「용재총화」에 나오는 한 이야기이다. 성현의 말대로 우리들 대부분은 흔히들 황새의 꽁지가 검다고 한다. 그것이 꽁지가 아니고 날개의 끝이 모여서 그렇게 보인다는 사실을 모른 채. 아마도 황새의 꽁지가 희다고 말한 사람은 그 자리에서 바보 취급을 당할 것이다. 누가 더 어리석은가.

불교에서는 사물을 인식하는 눈을 육안肉眼 혜안慧眼 심안心眼으로 구분해 이야기한다. 잘 알다시피 육안은 직접 비쳐진 물상만을 인식하는 눈이요, 혜안은 물상을 보고 그 사물의 진리를 파악해 아는 지혜의 눈이다. 반면 심안은 육안으로 보지 않고서도 사물을 인식할 수 있는 혜안 이상의 눈이다. 보통사람인 우리로서는 심안까지 얻기란 쉽지 않을 것이다. 그러니 적어도 혜안은 갖추어야 할 것이다. 혜안을 얻기 위해선 우선 이제까지 자신의 억측으로 사물을 보아온 시각을 바로 잡아야 한다. 그리고 사물의 실체를 투시할 수 있는 지식을 갖추어야 한다. 대학은 바로 그 같은 혜안을 기르는 곳이다. 황새의 꽁지를 검다고만 한다면 그것이 최고의 지성인이라고 자긍하는 대학인의 인식이란 말인가. 두 날개 끝에 가려진 흰빛을 볼 수 있는 그런 혜안을 기르는 데 잠시도 게을리 할 수 없지 않은가.

강남학보 84호, 1992.3.9,

임백호의 짝짝이 신

조선 중종 때 문인인 백호白湖 임제林悌는 여러 가지 기행奇行을 남긴 이다. 평양감사에 부임하는 도중 황진이의 무덤 앞에 머물러 술을 따라 제를 오린 사실이 있어 파직되기도 하였다. "청초 우거진 골에 자는다 누웠는다 / 붉은 홍안을 어데 두고 백골만 묻혔나뇨 / 잔잡아 권할 이 없으니 그를 슬허하노라"라는 시조는 이 때 작품으로 알려져 있다. 「원생몽유록」 「화사」 「수성지」 등의 산문으로도 유명한 이다. 더욱 유명한 것은 그가 죽음에 이르러 유언하기를 "이 좁은 땅에 태어나 부대끼다 가는 것이니 아무도 나를 위해 울지 말라."당부하였다는 일화이다.

그 스스로 중국 땅에 태어났다면 황제가 되었을지도 모른다고 장담하기도 하였다. 그는 술을 무척이나 즐겼다. 박지원이 「낭환집서」에 소개한 그의 일화 하나를 소개한다.

임백호가 말을 타려고 할 때 마부가 달려나와 여쭈었다. "술이 몹시 취했나 봅니다. 갖신가죽신과 깁신비단으로 만든신을 짝짝이로 신고 계십니다." 이에 임백호는 꾸짖기를 "길 오른편에서 보는 이는 나더러 깁신을 신었다고 할 것이고, 길 왼편에서 보는 이는 나더러 갖신을 신었다고 할 것이다. 무엇이 어떻단 말인가"하였다.

마부의 생각에는 짝짝이 신을 신고 있는 임백호의 체면을 위해 올린 이야기인데 그는 이에 개의치 않았다.

대부분 사람들은 어떤 한쪽만을 보고 사실을 판단하기 때문이다. 그가 짝짝이 신을 신고 있음을 인식할 만한 사람이 얼마나 될까. 천하에서 보이기 쉬운 곳이 발 만한 데가 없건만 보는 방향에 따라서는 갖신과 깁신도 분간하기 어려운 것이다. 그렇기 때문에 정확한 관찰은 옳고 그른 한가운데 있는 것이다 사실 그렇지 않은가. 우리는 곧잘 자신의 억측으로 매사를 단정하고 만다. 그리고 그 판단이 틀렸음에도 오히려 변명에 더욱 열을 올린다. 심지어는 무리를 만들어 '갖신파' '깁신파'를 이루게 된다.

시말을 모두 알고 있는 마부가 아니고서는 임백호의 짝짝이 신을 분간하기 어려울 것이다. 마치 원형 운동장을 달리고 있는 선수들의 모습을 중간에 들어와서 보면 누가 맨 앞을 달리고 있는지 분간하기 어렵듯이, 모든 다른 사람들이 알지 못하더라도 임백호 스스로는 갖신과 깁신을 신고 있을 따름이다. 문제는 어떻게 보느냐에 달려 있다.

강남학보 85호, 1992.3.23.

목서방거안睦書房擧案

우리 속담 가운데 "소문난 잔치 먹을 것 없다"는 말이 있다. 중국의 고사 "태산이 움직이더니 겨우 주 한 마리가 나오더라泰山鳴動 鼠一匹"는 말도 같은 끗이다. 성현이 지은 『용재총화』(권 5:18)에 「목서방거안」이라는 말이 있는데, 이와 비슷한 또 다른 고사이기에 소개한다.

대체로 잔치에 음식을 차림에 있어 그 처음 음식상을 들 때에 보면 잘 마련한 것과 그렇지 않은 것을 알 수 있다. 이로 말미암아 모든 일의 처음 벌일 때를 '거안擧案'이라고 한다. 목생睦生이란 차가 처음으로 충순위忠順衛에 들어갔을 때였다. 하루는 그 무리들이 모여서 편을 갈라 활을 쏘게 되었다. 목생이 뒤늦게 도착하였는데 옷이 아름답고 갖고 있는 활과 화살은 정교하였다. 좌우편에서 모두 말하기를 "목생은 우리 편에 들어 달라"고 하면서 서로 다투기를 마지않았다. 그런데 막상 그가 활 쏘는 자리에 올라가서는 시위를 당기기도 전에 화살이 제 앞에 떨어지고 말았다. 온종일 쏴도 과녁에 까지 화살이 가지 못하였다. 사람들은 우스워 몸을 가누지 못하면서 말하기를 '목서방의 거안'이라고 하였다. 지금까지도 겉치레뿐이고 실속 없는 자를 '목서방거안'이라고 한다.

조선 성종 조 당시는 문물제도가 지나치게 변화하여 양심 있는 지배층 관료들로부터 많은 지적을 받았다. 성현은 이 당시 풍속이 사치스럽고 번화해짐을 개탄하며 이는 세상이 태평하여 모두들 번거롭고 성대함을 숭상하기 때문이라고 하였다. 목서방은 그 전형적인 당대의 인물이다. 그는 활시위를 당길 만한 힘도 없으면서 복장과 도구는 그럴싸하게 준비했던 것이다. 남들이 활 쏘는 모습을 밖에서 보았을 때는 별로 힘들지 않은 것처럼 느꼈던 목서방이었다. 그러기에 외양만 갖추고 뽐내며 그 자리에 서슴없이 나선 것이다. 목서방에게만 문제가 있는 것은 아니다. 더욱 심각한 일은 그 같은 외양만 보고 각기 자기편에 설 것을 다투었던 주변 인물에게 있다. 모두들 목서방의 겉치레를 부러워하지 않았다면 목서방이 자신을 잊은 채 활터에 나서지 않았을 것이다. 어찌할 바 모르고 온종일 땀 흘리며 시위를 당겼을 목서방을 생각하면 웃음에 앞서 서글픈 마음이 든다. 사백여 년이 지난 지금까지도 '목서방'이 우리 주변에 널려 있으니 말이다.

강남학보 88호, 1992.5.11.

미생眉生의 신의信義

옛날 노魯나라에 미생이라는 이가 있었다. 그는 정직하기로 이름난 사람으로 한 번 약속한 일은 반드시 지켰다. 그런 그가 어느 날 사랑하는 여인과 냇가의 다리 밑에서 만날 것을 약속하였다. 미생은 약속한 시간에 조금도 어김이 없이 다리 밑에 가서 기다렸다. 그런데 어찌된 일인지 시간이 지나도 여인은 나타나지 않았다. 때마침 비가 조금씩 내렸다. 미생은 괘의치 않고 계속 기다렸다. 한참을 기다렸어도 여인은 오지 않고, 비도 점차 굵어져 개울물이 불기 시작하였다. 무릎 위에까지 물이 찼는데도 미생은 꼼짝 않고 다리 밑에서 교각을 붙들고 기다렸다. 그가 당황해서 밖으로 나오려 하였을 때는 이미 물이 세차서 어찌할 수가 없었다. 미생은 결국 물속에 빠져 죽고 말았다.

미생의 이러한 신의를 두고 후대의 사람들은 왈가왈부하였다. 즉, 죽음을 무릅쓰고 신의를 지켰음이 가상하다는 주장과 신의는 신의인데 가치 없는 어리석은 신의라는 주장이 그것이다. 춘추전국시대 때 유명한 연설가 소진蘇秦은 전자의 입장에서 변론하였고, 장자莊子는 그의 저술 『장자』에서 후자의 입장을 폈다. 공자孔子가 『중용』에서 "참다운 진리란 고정되어 있는 것이 아니라; 그때그때 형편에 따라 가장 적절한 대치를 하고 행동해야 하는 것이다" 고 역설한 바를 감안해도 미생의 신의는 고지식했다는 평을 더 많이 들었던 것 같다. 이런 까닭에 미생은 변통할 줄 모르고 고지식한 인물의 표본으로도 널리 인식되어 있다.

그러나 결코 그의 신의를 폄시할 수만은 없을 성싶다. 그의 고지식한 행동으로 물에 빠져 죽기는 하였으되, 비록 여인과의 약속이라도 죽음을 무릅쓰고 지키려 했다는 점은 한편으로는 높이 평가받을 소지가 충분하다. 오늘날처럼 신의를 저버리기 쉬운 세상에서는 그 같은 미생의 신의라도 귀감이 아닐 수 없다. 총선 때마다 내세운 '공약公約'이 '공약空約'으로 아예 인식되고 있음을 보면 특히 더하다. 보통사람인 우리도 두세 번씩 다짐하고도 막상 약속한 시일에는 별다른 이유 없이 약속을 파기한다. 사전에 전화라도 해서 양해를 얻으면 최선의 노력을 한 것처럼 안위하고 있다. 그렇지 못할 경우엔 다음에 만나서 구구한 변명을 털어놓기 일쑤이다. 누구는 말한다. 약속은 어차피 어겨질 수밖에 없는 것이라고…. 필요한 사람이 상대방에게 일방적으로 제시하는 약속이라도 일단 수락한 것이라면 그것은 합의된 것이리라. 그리고 그 약속은 지켜져야 하리라. 미생의 신의를 고지식하다고만 보는 우리 모두는 '변통'에만 앞서지 않았나 깊이 생각해보라.

강남학보 89호, 1992.5.25,

요동시遼東豕

「옛날에 요동의 어떤 사람이 머리가 흰 돼지새끼를 얻게 되었다. 이거야말로 천하에 둘도 없는 귀중한 물건이라고 생각하고 천지에게 그것을 바치려고 서울로 갔다. 그가 강동江東에 이르러 그곳의 돼지를 보니 모두 자기가 가지고 있는 것과 똑같이 머리가 희었다. 이 같은 사실을 확인한 그 사람은 몹시 부끄러워하며 자취를 감추었다」

이 이야기는 후한後漢 광무제光武帝때 대장군 주부朱浮가 어양漁陽의 태수로 있던 팽총彭寵에게 보낸 편지 가운데 한 부분이다. 팽총 스스로는 대단한 공로를 세웠다고 생각할지 몰라도 조정의 공신과 비교한다면 「요동시」에 지나지 않을 것이라는 내용이다. 후한의 광무제는 중국의 반란세력을 평정하여 낙양에 도읍을 세우고 천자가 되었다. 이때 어양지방의 태수로 있던 팽총은 스스로 공로가 많은데 별다른 은총을 받지 못하고 있다고 생각하며 반란을 꾀하고자 하였다. 주부는 위의 이야기를 들려주며 팽총의 반란 계획이 어리석음을 힐책하였다. 팽총은 자신이 잘났다는 생각에 끝내 반란을 일으켜 스스로 연왕燕王이라 칭하였다. 그러나 그는 2년 뒤에 광무제에게 참패하여 결국 「요동시」가 되고 말았다.

우리나라 옛말에 "제 잘난 멋에 산다."는 말이 있다. 누가 뭐라 해도 자신이 제일이다 생각하면 그것으로 제일인 것이다. 남이 알아주건 말건 그런 것은 개의치 않는다. 게다가 "자리가 사람을 만든다."고 하듯이 「자리」라도 얻게 되면 대부분이 기고만장이다. 자기만이 그 자리에 있을 수 있고, 그가 아니면 뭔 일이라도 안 된다는 아집이 갈수록 커진다. 어린아이건 노인이건 별다를 바 없다. 골목대장은 온 동네를 제가 통치하고 있다는 생각에 우쭐해 있고, 좀 커서 학생회장이 되면 학교를 제 손에 쥔 듯 생각하고, 국회의원이 되면 온 나라를 제가 걸머쥔 듯 착각하고 있다. 결국에는 그러한 아집에 스스로 함몰되고 만다는 사실을 알면서도 말이다.

우리 주변에는 이 같은 '요동시'의 존재가 허다하다. 주부와 같은 현자가 들려주는 충고는 아예 들으려하지 않는다. 오히려 그 충고가 자존심을 건드렸다고 화를 내기 일쑤이다. 처음엔 그럴 생각이 없었는데, 남의 충고를 듣고는 더욱 엇가는 심사로 고집과 자만을 내세운다. 스스로도 그 같은 짓이 '요동시'가 되고 말 것이라는 사실을 알면서도. 이 얼마나 어리석은가. 다시금 생각하라. "네가 할 수 있는 일은 다른 누구도 할 수 있다."는 것을, 네가 할 수 있는 최선을 다하는 것이 가장 값진 것이다. 그것이 또한 가장 뛰어난 것이다.

강남학보 90호, 1992.8.24,

법 밑에 법 모른다

우리말 가운데 "법 밑에 법 모른다."라는 속언이 있다. 법을 가장 잘 지켜야 할 곳에서 오히려 법을 어기는 수가 많음을 가리키는 말이다. 인간성이 좋아서 남들로부터 존경받는 이에겐 "법 없어도 살 양반"이라는 찬사를 붙인다. 논쟁 끝에 해결점이 보이지 않으면 언성을 높여 "법대로 해"라고 외쳐댄다. 주변 도처에서는 금지 푯말과 함께 위반자에게 가해질 법조항이 붉은 글씨로 적혀있다. 가만히 있다가도 사건만 터지면 특별법이 마련된다. 정말이지 법을 모르면 이 세상을 살아가기 어려울 성싶다. 아니 법을 알면 알수록 더 못살 것 같다. 지금 상황으로선 굳이 법을 안다는 사실이 별 도움이 될 성 싶지 않다. 이렇게 많은 법이 있음에도 불구하고 "법보다 주먹"이 매사에 실감나는 말처럼 느껴지는 것이 이상하기만하다. 얼마 전에 법을 만든다는 이들이 모여서 단체장선거법을 만들어 놓고는 요즈음에 와서는 불가함을 역설하고 있다. 선거 때만 되면 공명선거를 위한 특별법을 만들자고 아우성이다. 생각해보라. 법이 없어 부정을 행했는가를…, 쉽게 생각해보자. 감기약이 많다는 것은 감기를 쉽게 치료할 수 있는 약이 없다는 이야기이다. 직효약이 있다면 굳이 광고도 필요 없지 않은가. 법이 많다는 것은 없다는 거나 별다를 바가 없다. 무엇보다 법에 있어 중요한 것은 '지킨다'는 사실에 있다. "법 밑에 법을 모르는 이"들에게 이야기 한편을 들려주고 싶다.

진秦나라 효공孝公은 부국강병책으로서 공손앙公孫昻의 건의대로 법령을 개정하고 이를 선포하려 하였다. 그런데, 그 법령이 지나치게 엄격해서 효공 스스로도 두려워하였다. 당대의 사정으로 보아 백성이 자기를 버릴 것을 두려워했던 것이다. 공손앙은 이법령을 선포하기 전에 세길 정도 되는 나무를 남문에 세워 놓고 포고하였다. "이 나무를 북문까지 옮겨놓는 자에게는 상으로 10금을 준다" 그러나 어느 누구도 그 사실을 믿지 않았다. 다시 포고하였다. 이번에는 50금을 주겠다고 하였다. 대부분의 백성들이 의심하여 주저할 때 한 사람이 그 나무를 북문에 옮겨 놓았다. 공손앙은 즉시 그에게 50금을 주었다. 이를 지켜본 백성들은 그후부터는 포고의 내용을 그대로 믿게 되었다. 이즈음 새로운 법령을 선포하였다. 아무도 이 법령을 어길 수 없었다. 그런데 얼마 안가서 태자가 법을 범하였다. 공손앙은 "도대체 국법이 시행되지 않는 것은 높은 지위에 있는 사람들이 법을 지키지 않기 때문이다. 그러나 태자를 벌할 수는 없다" 하고 태자의 신변을 보호하는 책임을 맡은 건虔을 처벌하고, 스승인 공손가公孫賈를 묵형墨刑에 처하였다. 이같이 높은 지위에 있다하더라도 법에 의거하여 처벌하니 백성들은 모두 법을 준수하게 되었다. 십 년이 지난 뒤 진나라에는 길에 떨어진 것이 있어도 줍는 사람이 없고, 산과 들에 도둑이 없고, 어느 집이나 풍족한 생활을 누리게 되었다.

강남학보 91호, 1992. 8.24,

과이불개 過而不改

『논어』에 「過而不改 是爲過矣」라는 말이 있다. "잘못을 알고서도 고치지 아니하는 것, 이것이 잘못이다."라는 뜻이다. 누구나가 잘못을 저지르는 경우가 허다하다. 아무리 완벽하다해도 인간인 이상 가끔은 실수하여 잘못하는 경우가 없지 않다. 그런데 문제는 잘못을 저지르고도 그것을 시인하지 않는 데 있다. 억지를 쓰며 변명을 하고, 그것으로 인해 신의를 저버리기도 한다. 부득이 잘못을 인정하는 경우에도 남의 탓으로 돌리기 일쑤이다. 우리 속언에 "잘되면 제 탓, 못되면 조상 탓"이라는 말이 있는 정도이다. 이것이 얼마나 어리석은 짓인지 생각해보라.

고려 때 이규보의 글 가운데 「이옥설理屋說」집을 수리하며이 있다. 지난해 장마 때 서까래 하나가 썩어서 그 틈으로 물이 새었다. 그러나 큰 불편은 없었기에 그대로 두었다. 그런데 올 장마 때는 그곳에서 제법 물이 새어 방안의 물건을 적시게 되었다. 장마가 그치면 고쳐야겠다는 생각으로 몇 달을 넘겼다. 이제는 집이 기우는 정도로 큰 문제가 생겼다. 하는 수 없이 집을 수리하도록 하였다. 그랬더니 그 경비가 새집을 짓는 데 드는 정도로 많이 들었다.

맨 처음 발견한 서까래 하나만 제때 고치면 되었을 텐데 차일피일 미루다 이 지경까지 이른 것이다. 가만히 생각해 보았다. 사람의 성품도 이러한 것이다. 잘못을 알고서도 바로 고치지 않으면 곧 그가 나쁘게 되는 것은 썩은 서까래 하나 때문에 집 전체를 훼손하게 되는 것과 같다. 만일 제때 바로 잡았다면 그렇게 어려운 지경에는 이르지 않았을 것이다.

이 같은 이치가 어찌 사람의 잘못에만 국한하겠는가. 그 이치는 건강과도 직결된다. 대부분의 질병은 감기에서 비롯한다. 그런데 감기는 우습게 생각하고 만다. 그 뒤의 결과는 뻔하다. 뿐만 아니라 나라의 정치도 이와 같다. 백성에게 해를 끼치는 정책을 개혁하지 않고 머뭇거려서는 마침내 백성은 물론 나라전체가 위태로운 경우에 이를 것이다. 그때 가서 갑자기 개혁하려면 쉽게 이룰 수 없을 것이다. 다시 한 번 되뇌이자. "잘못을 알고도 고치지 아니하는 것, 그것이 잘못이다."라는 말을…

강남학보 93호, 1992.10.26,

미운 놈 떡 하나 더 준다

우리 속담 가운데 "미운놈 떡 하나 더 준다."라는 말이 있다. 미워하는 사람에게는 후환이 없도록 술책상 후하게 대해야 한다는 말이다. "미운아이 먼저 품어라" "미운 자식 밥 많이 준다." "미운 사람에게는 쫓아가 인사한다." 등의 속언도 마찬가지 뜻이다. 이러한 속언과 같이 술책상 가장 미워한 자를 후하게 상을 주었던 고사가 있다. 한고조가 옹치라는 사람에게 제후를 봉한 것이 그 사례이다.

한고조가 천하를 평정하고 공신들에게 상을 내렸다. 먼저 큰 공신들에게는 상을 내렸지만 그 밖의 사람들에게는 논공행상을 결정하지 못했다. 그런데 큰 상을 받은 사람은 모두가 한고조의 측근이나 옛 친구뿐이었다. 그리고 미워했던 사람들이 주살되었다. 이에 많은 장수들이 동요하였다. 혹시나 모함으로 자신들이 의심을 받아 주살당하지 않을까 두려워하였다. 마침내 모반을 일으킬 계책까지 꾸미고 있었다. 이러한 소식을 전해들은 한고조는 놀라며 그 대책을 장량에게 물었다. 장량이 되물었다. "폐하가 가장 미워하는 자가 누구입니까"한고조는 옹치를 내세웠다. "그렇다면 옹치를 제후에 봉하십시오." 이리하여 옹치는 뜻밖에 제후로 봉해졌다. 이 소식을 접한 군신들은 그때서야 안심했다. 황제가 가장 미워하는 사람까지 제후에 봉하였으니 자신들이 주살당할 염려가 없다고 생각한 것이다. 그후로는 논공행상에 촉각을 세워 관심 갖지 않았다. 한고조 역시 공평하게 상을 내렸다.

위의 이야기는 한갓 술책상의 처세로 보이지만 그 같은 면이 전부가 아니다. 가장 미워하는 자를 후한 상을 주었으니, 후한 상을 받은 이는 자신이 미움의 대상이라는 사실을 곧 잊게 될 것이다. 따라서 그후로는 사감을 버리고 상대를 대할 것이다 그러다보면 미워했던 사람 또한 그를 달리 보게 될 것이다. 이전에 미워한 만큼 이상으로 서로를 사랑하게 될 것이다. 여러 사람을 대하는 데 있어 걸림돌은 바로 서로를 미움의 대상으로 인식하는 데 있다. 사실은 그것이 사랑의 실마리라는 점을 이해하려 하지 않기 때문에 미움으로 그치고 마는 것이다. 가장 미워하는 자가 오히려 가장 사랑하고 있는 사람이라는 점을 기억해두자. "원수를 네 이웃과 같이 사랑하라."는 성경의 구절도 있지 않은가.

강남학보 94호, 1992.11.9,

올빼미의 울음소리

올빼미가 비둘기를 만났다. 비둘기가 "그대는 어디로 가려 하는가?"라고 물었다. 올빼미가 "나는 동쪽으로 이사 가려 한다"고 대답하였다. 비둘기가 다시 물었다. "무슨 까닭으로 옮기려 하는가?" 올빼미가 다시 대답한다. "마을사람들이 모두 내가 우는 것을 싫어한다. 이 때문에 동쪽으로 이사 가려는 것이다." 비둘기는 올빼미의 말을 듣고 질책하며 말하였다. "그대가 우는 소리를 바꿀 수 있다면 이사할 필요가 없지 않은가? 만일 울음소리를 바꿀 수 없다면 동쪽으로 이사하더라도 여전히 그대의 울음소리를 싫어할 것이다."

이 이야기는 중국의 이야기책인 『설총』에 나오는 우화이다. 올빼미의 울음소리가 마을 사람들에게 성가시게 들리는 것은 예나 지금이나 변함없다. 그 같은 울음소리를 지닌 채 태어난 올빼미는 이 점에 있어선 다른 새보다는 불행한 존재이다. 새란 존재는 그 빛깔이나 울음소리로 인간의 마음을 끌며, 그 때문에 총애를 받는다. 그런데 올빼미는 어느 하나 제대로 갖추지 못하고 있다. 게다가 올빼미는 야행성으로 항상 인간의 잠을 설치게 하는 새이기 때문에 별다른 총애를 받지 못한다. 물론 나름대로 인간에게 도움을 주는 익조이기도 하다.

올빼미가 스스로 어쩔 수 없다는 생각으로 장소를 옮길 것을 다짐했다는 것은 일단 용감한 일이다. 그러나 그것은 오히려 어리석었던 결단이다. 올빼미는 자신의 울음소리를 고치려고 노력했어야 했다. 어찌 올빼미의 울음소리를 서쪽 사람만 싫어하겠는가. 어느 곳으로 이사하든지 그 울음소리를 좋아하는 사람은 없을 것임이 분명하다.

성현께서 말씀하지 않았는가. "過而不改 是爲過矣잘못을 알고서도 고치지 아니하는 것, 이것이 잘못이다."라고…, 잘못은 '잘못' 자체에 있지 않다. '잘못'을 알고도 고치지 않는 것, 그것이 문제이다. 이보다 더욱 문제인 것은 '잘못' 자체도 알지 못하는 '무지無知'이다. 올빼미는 아마 자신의 잘못은 모르고 마을 사람들을 탓했을 것이다. 우리들 중에도 이같은 유형의 사람은 얼마든지 있다. 자신의 잘못을 알고도 알량한 자존심에 억지를 쓰는 이가 있는가 하면, 아예 잘못을 모르는 이도 허다하다. 그들은 올빼미처럼 동조하지 않는 주변 사람들을 욕하며 자리를 같이하지 않는다.

자신의 잘못을 시인하는 용기처럼 대단한 일도 많지 않다. 남을 탓하기보다 스스로 돌아보자. 남이 나를 알아주기를 바라기보다는 내가 먼저 알아주도록 노력하자. 자신의 울음소리를 고치기보다는 마을을 옮기려는 올빼미의 어리석음은 저지르지 말자. 다시금 "過而不改 是爲過矣"라 하신 공자의 말씀을 상기하자. 그것이 대학인의 용기요, 교양인의 길이다.

강남학보 110호, 1994.4.11.

연대 緣坮

백암거사의 초당에서
예순이 지난 중광을 백담사에서 만나다
방울방울 떨어지는 낙수처럼
늘 청청하소서. 가은 선생시여
처음 그때처럼
빨간 우체통
떠난 사람은 마음 속에 깊어만 갑니다.
간절히 바라면
선녀와 나무꾼
연대緣坮
비취색 투영 속에 흐르는 강물처럼

외눈박이 거북一眼之龜

외눈박이 거북이 만경창파를 헤엄치다 뒤집힌다.
온 힘을 다하여 몸을 다시 뒤집으려 한다.
그러던 중, 떠다니는 통나무 하나를 발견한다.
그 통나무를 잡는 순간,
눈이 부셨다.
그 통나무엔 옹이가 빠져나간 구멍이 하나 있었다.
그 구멍 속으로 햇빛이 들어와 비친 것이다.
그 거북의 외눈과 옹이구멍의 만남.
인간의 만남이란 그와 같다.

백암거사의 초당에서

며칠 전 이동면 묵리 골짜기에 들렀다. 용인에서 태어나 오로지 용인의 도공으로 남으려는 이가 숨어산다고 하기에 일부러 찾았던 것이다. 일찍부터 백암에 작업실을 마련하고 제법 사계에 명성을 드리웠던 이가 홀연 그곳을 떠났다는 소문을 접했었다. 그런데 얼마 전부터 묵리 골짜기에 숨어들어 정착할 준비를 한다는 것이다. 숨어살려는 이를 일부러 찾고 싶었던 것은 내 몹쓸 뱁보 때문이다. 그를 만나기 전엔 단지 얼마간 보지 못해 궁금한 정도의 마음뿐이었다. 차를 몰아세우니, 앞엔 작은 나무다리가 있고, 그 뒤로 산자락을 두른 품안에 초가 한 채가 있다. 아직은 갖추지 못한 것이 많았다. 그러나 그곳엔 그것이 더욱 어울렸다. 그의 몸에서 나는 흙냄새가 좋았고, 꾸밈새 없이 자연 그대로의 풍경이 좋았고, 그가 들려주는 숨어 사는 이야기가 더욱 좋았다.

그의 말에 의하면, 그곳은 예로부터 도예지로 유명한 곳이었으며, 지금까지도 흑유黑油가 있고, 배토培土의 성분이 뛰어나서 도공에겐 천혜의 명당이란 것이다. 게다가 문 앞에 흐르는 계곡의 물소리까지 갖추었으니, 더할 나위

없이 좋은 곳이다.

다리를 건너기 전이 속세라면, 다리를 건너서는 그야말로 신선계이다. 신선계에 숨어사는 도공은 저절로 신선이 된다. 신선이 빚어내는 도자기는 속세의 때가 묻지 않을 것도 자명하다. 그에겐 생긴 그대로 꾸밈새가 없다. 그렇다고 일정한 틀이 있는 것도 아니다. 그가 정착하려는 초가에도 가옥으로서의 격식이 없다. 헛간에 전시실을 두고, 툇마루를 뜯어다 주방의 식탁을 만들었다. 엉덩이 걸치고 앉았던 마루판이 식탁으로 둔갑한 것이다. 그래도 그 집에선 전혀 어색하지 않다. 주방 위에 올려놓은 그릇 또한 반듯한 것이 별로 없다. 그에 의하면 밥을 담으면 밥그릇, 국을 담으면 국그릇일 뿐이지 처음부터 구별해 만든 것이 아니란다. 막걸리를 담으면 그대로 사발이 된다. 묵을 담으면 묵사발이다. 그런 것들도 항상 제자리에 있는 것이 아니다. 가끔 찾아오는 이들은 눈치 보며 집어가기 일쑤이고, 그때마다 다른 그릇을 올려놓아야 한다. 그래도 거사는 성내는 일이 없다. 흙이야 주변에 지천이고, 물이야 눈앞에 쉬지 않고 흐르며, 나무는 뒷산에 있지 않은가. 혼자 숨어 사니 시간도 바쁠 것이 없다. 없어서 불편하면 다시 만들면 된다는 심사이다. 정말이지 그에겐 욕심이 없다. 얼마 전 산삼을 캐서 어려운 사람을 돕는 데 써달라며 희사한 일도 있다. 속인들의 계산에 의하면 2천만 원이나 되는 귀중한 것을 기꺼이 내놓은 것이다. 그런 때문에 모두들 그를 좋아한다.

그 같은 마음으로 만들어 내는 도자기이니 거기엔 욕심의 흔적이 없다. 그야말로 청정무구의 지취만이 자연스럽게 깃들 뿐이다. 일부러 내보이면서 말하지 않아도 작품을 보고 졸라대는 이들의 욕심을 채우기에도 바쁘단다. 그래서 백암에서 이곳으로 거처를 옮겼다는데, 벌써부터 찾는 이가 번다하다.

거사는 몇 사람의 회원을 두고 도공의 일을 꾸려나간다. 그가 호감 가는 회원은 어린아이이다. 욕심이 없고 꾸밈이 없어 자신에게 제일 잘 어울린다는 것이다. 그는 어린아이에게서 순진함을 배운다. 아무렇게나 주물러 던져 놓은 듯한 아이들의 작품을 그는 가장 아낀다. 어른들은 욕심이 너무 많아 제대로 만들 수 없다는 것이 그의 궤변이다. 맨 처음 흙을 접하는 이들의 주저함을 보고는 가까이 가서 말한다. "무엇을 만들려고요?" "글쎄요?" 거사는 흙 한 덩이를 손에 틀어쥐고 힘줘서 놓으란다. 그리고는 "이것이 수저받침이요" 한다. 일부러 수저받침을 만들려고 하지도 않았어도, 구워내면 영락없는 작품이 된다. 그 다음부터는 아예 지도하는 법이 없다. 각자 알아서 하라는 식이다. 그러니 배우는 이도 남의 눈치를 보지 않는다. 하고 싶은 대로 주물러 구우면 그것이 그릇이다. 그리고 자신이 만들었다는 이유 때문에 값지게 느껴지면, 그것 또한 값진 그릇이 된다. 유명한 도공의 수천만 원짜리 그릇보다도 더 값진 작품이다.

거사의 이런저런 이야기를 듣노라니 늦은 밤이다. 그래도 그의 눈엔 가달라는 빛이 없다. 심심해서 붙잡아 놓자는 심사도 아니다. 그저 좋으니 이야기나 하잔다. 이야기 내용도 고담준론도 아니다. 그저 재미있다. 어렸을 때 종이 딱지를 치면서도 온종일을 피곤함을 모른 채 즐겼듯이, 그런 분위기이다. 값을 치면 아무런 이야기도 아니다. 그 시간에 원고 몇 장 더 끄적이면 돈이 몇 푼인데 하는 따위의 내 생각은 너무나 속물적이다.

거사의 또 다른 궤변은 계속된다. 묵리 골짜기는 여름마다 많은 사람들이 몰려들어 어지럽히던 곳이었다. 가장 청정한 지역이기에 호사가들은 일부러 수고하면서 이곳까지 찾아든다. 이제는 거사가 그곳에 거주하는 만큼 절대

근접불허이다. 거사 스스로도 윗쪽 계곡은 오르지 않을 생각이다. 다리목에서 그들을 막기 위해 지킨다하니, 이제는 그가 환경오염 파수꾼도 겸했다.

그가 머문 곳은 신선계이다. 요즈음 유행하는 서양의 신식말로 그린토피아(Greentopia)이다. 그곳은 거사에게 뿐만 아니라, 나무다리 건너 초가에 잠시라도 머무는 이들에게도 그린토피아일 것이다. 그곳에서 전통자기에 담겨진 지취를 엽차와 함께 우려내 마신다면 그것은 감로수요, 술을 빚어 마신다면 신선불로주이리. 거사와 함께 물소리 들으며 하룻밤을 새우는 사이에 속세의 한 해가 기울 것임도 분명하다. 신명나면 대금 소리도 함께 물소리와 어우러진다 하니 그때 나는 무엇이라 표현할까. 아직은 글재주가 부족하니 대금소리는 사양할 수밖에 없다.

1996.12

예순이 지난 중광을 백담사에서 만나다

"세속의 일에 파묻혀 있다가도 훌쩍 털어버리고 떠날 수 있다."

이 얼마나 용기 있는 멋진 일인가. 누구에게나 부러움을 살 만한 일이다. 내게 그런 점이 있다는 것이 놀라울 정도로 고맙다. 누구에게든지 세상의 일은 바쁘기만 하다. 해도 되고 안 해도 그만인 일이 왜 그리 바쁘단 말인가. 하긴 잠자느라고 바쁜 사람도 있다니까.

주변에서 평하기를, 왜 그리 사느냐고 한다. 집에서는 아예 포기한 지가 오래이다. 낮에는 학교에서 강의실로, 출판부로, 각종 회의 참석으로 뛰어다니고, 밤에는 개인적으로 밀린 일 때문에 밤을 지샌다. 주말에도 여의치 않다. 답사니, 학술조사니 하면서 20여 년 간 전국을 돌아다니던 방랑벽이 주말이라 해서 잠잠할 건가. 가장家長이라는 굴레 때문에 답사활동은 격주에 한 번쯤은 자제한다. 그렇다고해서 집에서 조용히 쉬는 것이 아니다. 식구들은 그 틈을 비집어 밖으로 나갈 채비를 한다. 난, 결국 주말에도 밖에 있다. 동반하는 일행이 다르고, 찾아가는 곳의 분위가 다를 뿐이다.

내가 어느 곳에 있는지를 생각할 겨를이 없이 밖에서만 맴돌고 있다. 그제는 출판부 직원을 꾀다시피 해서 설악산으로, 동해 바닷가로, 백담사로 두루 돌아다녔다. 그들 역시 바쁜 때였다. 평소보다도 바쁜 때임을 어찌 몰랐겠는가. 그런데도 단호하게 출두를 명하였다. 나처럼 툭 털어버리는 용기를 가르쳐 주고 싶었다. 일단, 일에서 벗어나면 딴 사람이 되고 만다.

나는 벗어났다는 생각만 들면 안하던 온갖 짓거리를 다한다. 우선, 매일같이 해야 되는 면도를 하지 않는다. 머리를 감지 않는다. 거의 마시지 않는 술을 마다 않고 마신다. 노래방, 나이트클럽, 당구장, 고스톱 등 잡기란 잡기는 다한다. 그때는 그것이 가장 좋다. 평소엔 어느 하나도 관심을 두지 않던 것들이다. 그 같은 나를 처음 본 동행자들은 신기하게 생각한다. 돌아와서는 한동안 남들의 입에 그때 일들이 쉴새없이 오르내린다. 내겐 그것은 가끔 있는 일일 뿐인데도 화제가 된다.

그제는 백담사에서 생각지 않게 중광을 만났다. 명성이 자자한 중광을 만났다는 것이 자랑스러워하는 말은 아니다. 이천의 한 골동품점에서 가끔 마주치던 그가 백담사에 있다는 사실이 당혹하였다. 더구나 불문佛門에서 나와 동서를 휘젓고 다니던 그였다. 20년 가까이 시인으로서, 화가로서, 중 아닌 중으로 행세하며 세상의 틀을 파격적으로 깨뜨려왔던 중광이었다. 미친듯이 정령精靈을 불태워 “동방의 피카소”라는 칭송을 듣던 그였다. 허튼 소리 미친 짓만 일삼던 그가 물소리 맑게 들리는 백담사에 있었다. 왜 하필이면 머물 곳이 백담사였는지 궁금했다. 그 절은 만해萬海가 머물던 곳이요, 전두환 대통령이 칩거하던 곳이다. 그 같은 사실이 관심거리가 되지는 못했을 텐데 그가 거기에 있었다. 얼마 전에 이천 시장에서 친구 최여사에게 “술이나 먹자" 인사하던 그가 벌써 1년 전에 그곳에 와서 머문다고 했다. "이천 집은 어떻게 했어요?" 물으니, "아직 그대로 두고 왔어요" 한다. 옹골찬 모습, 호탕한 목소리가 아닌, 그러나 아직도 천진한 모습과 목소리로 악수를 청하였다. 왼쪽 가슴에 단 콧수건과 어깨에 메고 다니던 색동 가방은 그대로였다.

그를 볼 때마다 나는 초등학교 다닐 때 찍은 사진이 생각난다. 검은색 교복에 검정 고무신, 검은색의 교모, 교모는 커서 머리가 파묻힐 정도이다. 온통 검은 색인데 흰 것은 교복의 카라와 왼쪽 가슴에 단 콧수건뿐이었다. 그때 나의 모습을 볼 수 있어 중광을 남몰래 좋아했던 것 같다.

그런 중광을 백담사에 만난 일이 집으로 돌아오는 긴 시간 동안 내내 머리 속에 맴돌았다. 아예 백담사에 머물 생각으로 오현 스님으로부터 농암聾庵이라는 법호를 새로 받았다는 사실을 나중에야 알았다. 농암은 "바위처럼 벙어리가 되라"는 뜻이다. 허튼 소리 그만하라는 엄명일 것이다. 지금 그곳에서 열반할 때까지 참선할 집을 따로 짓는단다.

만해기념관에서 본 만해의 칠언절구 한 구절이 떠오른다. "사내가 발길 닿는 곳이 곧 고향이러니 / 몇이나 나그네 시름 속에 오래 머물렀던가男兒到處是故鄕, 幾人長在客愁中". 만해가 떠돌다가 이 백담사에 머물면서 쓴 것이다. 중광도 이제 그곳에서 쉬려나보다. 이제 이천 시장거리에서는 보기 어려울지 모른다. 구상具常 시인은 중광의 수식어로 '걸레스님'이 붙어 다니자 "겉도 안도 너덜 그 걸레로 이 세상 오예汚穢를 모두 훔치겠다니 기가 차다"고 말한 적이 있다. 벌써 세속의 더러움을 다 훔쳤단 말인가.

중광의 나이도 이제 예순셋이다. 『논어』「학이편」에 "나이 육십이 되면 귀에 순하여진다六十而耳順" 말이 있다. 이제는 그도 선현의 말씀을 들을 수 있는 연륜의 나이다. 불문에서 나와 스무 해 동안 '허튼소리' '미친 짓'을 해대던 고행苦行의 기간은 이제 그가 백담사에 머물 만큼의 충분한 준비 기간이었을 것이다. "헛것에서 벗어나 참중이 되라."는 오현의 전법계를 중광, 아니 농암은 알차게 행할 것이다. 그리고 그 때문에 백담사는 더 많은 사람들이 찾아들 것이다.

불혹의 나이를 중간쯤 넘어선 나는 아직도 15년은 더 방랑해야 한다는 말인가. 공자는 "나이 사십이 되어서는 의혹되는 바가 없었다四十而不惑"고 하였는데, 지금의 나는 전혀 그렇지 못하다. 왜 아직도 밖에 나가야 마음이 편한지 모르겠다. 안에 있는 것엔 관심이 없다. 호기심이 많은 것은 알지 못함이 많기 때문이다. 밖에서 구하고자 하는 것은 '나'를 알지 못해서가 아닌가. 중광이 불문을 뛰쳐나온 때가 바로 내 나이 무렵이다. 다시 백담사에 들러 그를 만난다면 조용히 묻고 싶다. "농암스님도 그 무렵에 나와 같은 심경이었나요" "허튼 소리 미친 짓도 '참'을 구하기 위한 방편이었나요".

1998.5.26

방울방울 떨어지는 낙수처럼

외우 남군의 어르신 화갑연에 삼가 올림

방울방울 떨어지는 낙수落水처럼 친구 남군의 집안사람들은 대대로 효우근검孝友勤儉을 신조로 살아왔다. 남들과 벗하길 좋아하고, 부지런하며, 여유가 없는 것도 아닌데, 짐짓 모자라지 않는 정도로 생활하였다. 모든 행동의 근본이라는 효순孝順에 있어선 말할 나위도 없다. 엄친嚴親의 화갑을 기리는 온 가족의 마음씀씀이 하나에서도 충분히 감지할 수 있다.

엄친의 화갑을 기리기 위해 『부모은중경父母恩重經』을 간행한다하니, 이런 일을 누군들 생각이나 할 수 있었겠는가. 이 경전을 간행하여 보시하면 그 수만큼의 공덕을 부모님이 입으신다 한다. 남군의 집안사람들은 이렇듯 남다른 데까지 마음을 두었던 것이다.

태공太公의 말씀 가운데, 「효도하고 순종하는 자는 그처럼 효도하고 순종하는 자손을 낳으리라孝順還生孝順子」는 구절이 있다. 오늘 화갑을 맞으시는 그 어르신께선 의령인宜寧人의 종손宗孫임을 자랑하시며, 선조들의 행적에 누累가 되지 않기 위해 열심히 노력하셨다. 남군의 집안사람들이 방울방울 떨어지는 낙수처럼 한 치의 오차도 없이 그대로 실행하고 있음은 다 그런 연원이 있는 것이다. 이 같은 마음은 그의 가문 대대로 이어질 것이다. 그리고 영원토록 칭송될 것이다.

南延琪님 回甲紀念刊行, 《父母恩重經》 序文, 1986.

늘 청청하소서. 가은 선생이시여

가은嘉隱 최선생 고희에 부침

가은 최선생님과의 인연은 내게 남다른 의미가 있다. 학문을 하겠다고 밖에서 나돌던 나에게 새로운 길을 열어 주신 분이 바로 최종규 선생님이시다. 그분의 고희연에 글 하나를 덧붙일 수 있다니 이 또한 광영이 아니겠는가. 수 천언 수 만언으로도 그분의 깊으신 덕을 표현할 수 없으리라 본다. 가은 선생님과의 인연을 삼가 몇 자 글로 정리해 올릴 뿐이다.

90년도 초에 경기도 훼철서원을 조사하면서 처음으로 포천문화원을 들렸었다. 그것이 가은선생님과의 첫 대면이다. 그때의 첫인상이 아직도 생생하다. 우선 무척이나 낯익은 풍채와 용모이셨다. 나중에서야 첫 느낌이 옛 선조들의 영정에서 느끼던 감정이었다는 사실을 알았다. 머리카락 한 가닥 흩어짐이 없었고, 옷깃 하나 접혀진 부분이 없었다. 중후한 풍채와 호탕한 품성은 위엄스런 옛 선조들의 영정을 뵐 때처럼 숙연하지 않을 수가 없다. 그 때의 인상이 깊어선지 항상 조심스러웠던 것이 사실이다. 그런 가운데서도 내가 그 분을 가까이 할 수 있었다는 것이 여간 다행이 아니다.

첫날 용연서원, 화산서원, 옥병서원을 직접 안내하시면서 선비의 도를 일깨워주신 것도 잊을 수가 없다. 대개 한 시 · 군에 두세 개 서원이 있었지만 거의 훼철되고 방치된 상태이다. 그런데 포천에는 서원 세 곳이 모두 복원되어 있다. 바로 가은선생님을 비롯한 여러 유림의 각별한 노력에 의해 가능했던 것이다.

가은선생님은 철저하게 유학자이시다. 가문에서 이어온 학통도 대단하지 않은가. 면암 최익현 선생이 그분의 조상이다. 개인적으로는 성균관대학교에서 유학을 전공한 바도 있다. 포천의 문화사업 외에 유학에 남다른 관심이 깊으셨던 것도 모두 연원이 있는 것이다. 지금은 문화원장과 전교의 직책을 겸하고 있으시다. 충분히 있을 자리에 계신 것 같다. 가은선생님을 뵈온 이후로 나는 유교문화 쪽에 더 많은 관심을 갖게 되었다.

옥병동과 금수정의 암각문을 발견하여 함께 기쁨을 나누었던 때도 어찌 잊겠는가. 나는 90년대를 가은선생님과 포천에서 보냈다고 해도 과언이 아니다. 가은선생님께서는 남의 눈치도 아랑곳 않고 부족함이 많은 내게 많은 일을 맡겨주셨다. 그 분과 함께 꾸며온 향토문화자료집이 5권이나 된다. 『포천의 서원』『포천의 암각문』『포천의 사 · 단 · 정려』『포천금석문대관』이 그것이다. 『포천군지』 편찬 때도 중임을 맡겨주셨다. 반월성의 지표조사 시작은 가은선생님이 아니고는 엄두도 못 냈을 큰일이다. 이밖에 사소한 일은 이루 열거할 수가 없다.

돌이켜보면 내가 이루어 놓은 것은 어느 하나 가은선생님의 배려가 없는 것이 없다. 포천에서의 일만이 아니다. 이제는 유교문화의 전공자처럼 알려져 있고, 그 때문에 학문의 폭이 넓어졌다. 이 모두 그분의 덕이 아니겠는가.

가은선생님의 고희에 보잘 것 없는 글을 덧붙이게 된 것 또한 각별한 덕택을 입은 까닭이리라. 늘 청청하소서. 가은 선생이시여.

가은최종규선생문집, 2000.9.

처음 그때처럼

지난 한 해의 시작처럼 내일이면 또 다른 한 해를 맞이합니다. 그때도 그렇게 말했습니다. 올 한 해엔 더 많은 사람을 사랑하고, 더 많은 것을 배우고, 더 많은 일을 해야겠다고. 처음 생각대로라면 지금쯤 마음이 풍요로워야 할 것입니다. 그런데 그렇지 않아요. 작년보다도 수확이 많지 않아요. 열정이 그만큼 식은 거겠지요. 그래도 위안이 되는 것은 당신 한 사람을 소중한 이들의 목록에 추가하였다는 사실입니다. 이젠 내 가까이에 있는 이들만이라도 더욱 사랑하고 더욱 알차게 가꿔나갈 생각입니다. 곳간에 재물을 채우기보다는 소중한 이들과 더불어 처음 그때처럼 살았으면 좋겠어요. 내 소중한 사람들 모두를 사랑합니다. 처음 그때처럼.

2004.12.31

처음처럼

처음으로 하늘을 만나는 어린 새처럼
처음으로 땅을 밟고 일어서는 새싹처럼
우리는 하루가 저무는
저녁 무렵에도 아침처럼 새봄처럼
처음처럼 항상 새로이 시작하고 있다.

빨간 우체통

아침에 출근하다가 천리시청天里市廳 길가에 서 있는 우체통이 눈에 띄었어요. 자전거를 타고 지나다가 멈췄어요. 시청 앞 공원엔 만엽가비萬葉歌碑가 있고, 옆에는 최신식 전화박스가 있었어요. 그 옆에 혼자 서 있는 빨간 우체통이 나를 부르더군요.

벌써 삼십 년도 훨씬 넘은 지난 언제였어요. 밤새도록 편지를 써놓고, 마음이 변할까봐 이른 아침에 동네 입구에 있는 우체통에 편지를 넣었어요. 집에 돌아와서는 괜한 짓을 했다싶어 무척 초조했어요. 우체통에 다시 가서 안을 들여다보니 내 편지 한 통만 떨어져 있었어요. 손을 있는 대로 길게 늘여 넣어보았는데, 닿지는 않았어요. 우체통 앞면에 수거하는 시간이 적혀 있었는데, 오전 11시, 오후 2시였어요. 우체부 아저씨를 기다려서 그 편지를 회수하고 싶었어요. 그렇지만 8시엔 학교에 가야 하고, 돌아올 쯤이면 훨씬 지나간 시간이고…, 그때처럼 불안하고 후회스러웠던 때도 없었을 거예요.

며칠이 지났어요. 길가에서 내가 편지를 보낸 여고생과 마주쳤어요. 나는 가슴이 콩당콩당 뛰었어요. 이미 얼굴은 붉게 상기되었고, 결국 한 마디 말도 건네지 못했어요. 그런데 여고생은 아무런 내색이 없었어요. 본 척도 않고…, 편지를 받았으면, 그렇게 반응이 없을 수 없었을 것인데 말이에요. 여고생도 나를 좋아한다는 느낌을 갖고 있어서 만용을 부려 편지를 쓴 것인데, 그럴 수 있나 싶었어요. 내심 화가 나서 이후로는 본 척도 안했어요. 아예 모르는 친구 대면하듯이 굴었어요.

오랜 시간이 지난 뒤에 책상 서랍 속에서 우연히 편지 한 통을 발견했어요. 그런데, 이런 일도 있나요. 내가 보냈던 편지가 되돌아 온 거예요. 수취인 불명도 아니고, 보낸 이와 받는 이 주소를 바꿔 쓴 것이에요. 아마도 누이가 엄마 몰래 이 편지를 책상 서랍 속에 넣어 두었다가, 나에게 말을 건네지 못했었나 봐요. 이런 일을 누구에게도 말하지 못하고 지금까지 혼자 간직해 왔어요. 그 여고생도 이젠 나처럼 나이를 먹었겠지요?.

시청 공원 길가에 서 있는 빨간 우체통 안을 다시 들여다보았어요. 이른 시간인데도 여러 통의 편지가 있었어요. 각각의 사연을 담은 편지겠지요. 어떻든 받는 이는 반가울 거예요. 납세금 독촉장만 아니라면…, 누구에겐가 다시 편지를 쓰고 싶어요. 다시는 주소를 뒤바꿔 쓰는 일이 없을 테니까. 그런데 이젠 보낼 곳이 없어요. 밤새도록 편지를 썼던 열정도 사라졌고…, 이곳에서 다시 그런 기분만이라도 되찾아 가고 싶네요.

만엽가비로 발을 옮겨 살펴보았어요. 『만엽집萬葉集』에 실린 노래 한 구절을 돌에 새긴 문학비예요. 『만엽집』은 7세기경에 만들어진 일본 고대의 대표적인 가집歌集이에요. 천리시에는 이런 노래비가 여러 곳에 있어요. 그 가운데 하나인 셈이에요. 누군가가 한글로도 번역해서 동판에 새겨 놓았네요.

"사랑하는 님이여 나를 잊지 마세요
이소노가미의 소매를 잡고 흔든다는 후루,
후루가와의 강물이 그치지 않듯이
님을 향한 마음도 그칠 줄 모른답니다."

'이소노가미石上'는 이곳의 옛 지명이고, '후루가와布留川'는 천리시 중앙을 관통해 흐르는 하천이에요. 아마도 옛날에는 큰 하천이었는가 봐요. 『만엽집』에 많이 나오는 지명들이래요. 그래서 일본 고대문학을 전공하는 이들은 이곳을 여러 번 답사한다고 해요.

난, 참으로 행운아인가 봐요. 이곳을 매일 지나고 있어요. 벌써 이 노래를 원전 표기 그대로 외우고 말았어요. 매일 아침 빨간 우체통은 나를 기다리고 있을 것 같아요. 언젠가는 내 편지를 여기에 넣어 보낼 거예요. 이젠 중년이 되었을 누군가의 엄마에게 이 노래를 써서 보내고 싶네요. 그렇지만, 이제는 보낼 주소가 없어요.

일본 천리시에서 2005.3.5.

떠난 사람은 마음 속에 깊어만 갑니다.

향사 박용익선생 1주기 추모사

잠시 외유를 하다 돌아와 보니, 당신이 떠난 그 때처럼 모내기가 한창입니다. 세상에 많은 꽃들이 한창 피어 있는 이때, 하필이면 들판에 심어놓은 가녀린 모가 더 정겹게 눈에 들어오는 것은 무슨 이유인지 모르겠습니다. 세상을 화려하게 장식하기보다는 서민의 실용에 더 많은 관심을 기울이셨던 당신의 마음이 남아서인가 봅니다. 이 무렵이면 당신이 더욱 생각나는 것은 당신과는 각별한 사연이 있기 때문입니다. 20년이 더 되는 이전의 일입니다. 양수기로 밤 새워 물을 퍼 올린 다음, 모를 심어야 했던 때였습니다. 철없던 나는 당신과 함께 비석 탁본을 다녔습니다. 식구들의 눈총도 아랑곳 않고 말입니다. 지금 생각해보면, 당신께서도 그때는 꽤나 무던했었습니다.

당신께서는 일을 벌려 놓기를 즐기셨던 것 같습니다. 그 일들이 모두 용인에서는 처음으로 하는 일들이었습니다. 솔직하게 고백하면 그때 우리들은 그 일에 별관심이 없었습니다. 당신이 좋아서 뒤따랐을 뿐이고, 어떻게 하면 그 일에서 벗어날 수 있을까 하는 생각만 앞섰습니다. 그래도 당신은 20여

년 이상을 그같이 외로운 길을 걸으셨습니다. 당신이 떠난 이후에야 그 일들이 얼마나 소중한지를 깨달았습니다. 좀더 일찍 깨달았으면 당신의 속내를 그렇게 흔들어 놓지 않았을 것입니다. 당신이 떠나시면 그 일들도 함께 사라질 것이라고 생각했습니다. 그런데, 오히려 당신이 벌여 놓으신 일들은 더 무성하게 뿌리를 내리고 있습니다. 당신을 떠나보내면서 이젠 각자의 길을 걸어야겠다고 생각했습니다. 모가 자라고 있는 들판을 누비며 답사하기보다는 꽃향기를 맡으며 여행이나 즐기고 싶었습니다. 그런데 발길은 자신도 모르게 들판을 향하고 있습니다. 거기엔 당신의 발자취가 아직도 남아 있습니다. 당신도 보고 있듯이 당신 곁에 있던 동지들은 오늘도 들판을 걷고 있습니다.

향사선생이시여!

당신이 떠나시던 날, 목 놓아 불렀던 정겨운 이름을 다시 불러봅니다. 만나야 할 세상은 넓기만 하고, 떠난 사람은 마음속에 깊어만 간다고 했습니다. 굽어보고 계십니까? 당신이 뿌려 놓은 볍씨가 싹이 되어 들판에서 자라고 있습니다. 그러나 아직은 더 많은 당신의 입김과 손길이 필요합니다. 뙤약볕 속에 열기를 감내하며 가을철엔 알찬 곡식으로 여물게 굽어 살피소서.

2005. 5. 17.

간절히 바라면

"스님, 언제 또 만나지요?"

"간절하게 바라면 언제든지 만날 수 있겠지요"

그 이후 한 번도 만나지 못했어요. "인연이 다했나보다" 하면서 20년을 지나쳤어요. 그런데 그것이 아니었어요. 내게 '간절한 마음'이 없었기 때문이라는 사실을 깨닫게 되었어요. 언젠가는 스님을 만날 수 있을 것 같아요. "간절하게 바라면 언제든지"

그래요. 간절히 바라면 이루지 못할 것이 없어요. 내가 당신을 얻었듯이, 당신도 하고픈 일이 있으면 우선 '간절한 마음'을 가져요. "되면 좋고, 안되면 말고" 그런 생각엔 이미 가능성이 없어요. 보고픈 사람을 아직 만나지 못했다고요. 서로 바빠서라고요. 아닐 거예요, 간절한 마음이 없어서겠지요.

나를 만나기 어렵다고들 하지만, 난 그렇게 바쁘지 않아요. 당신도 그렇죠? 서로 간절히 바라지 않았던 거예요. 언제고간에 만날 수 있어요.

간절히 바라면 무엇이든 이룰 수 있어요. 간절히 바라면…,

2005. 9. 16

선녀와 나무꾼

선녀에게 말했어요. 나무꾼이. "하늘나라에서 선녀는 무엇을 하고 지내세요?" 선녀는 "하얀 꽃가루를 만들며 하루를 보내지요" 대답했죠. 요즈음 눈이 안 오는 것을 불평하던 나무꾼이 말했어요. "그러면 당신은 요즈음 놀고만 지냈나요. 왜 눈이 안 오죠. 딴 짓 했죠?" 선녀는 아니라고 우겼어요. 내일은 꼭 눈이 올 거라고 둘러댔어요. 그런데도 웬걸 겨울에 눈은커녕 비만 내렸어요.

눈이 오면 선녀를 만날 거라는 생각에 밖을 보니 온통 깜깜하네요. 아직은 새벽이에요. 10시에 자고 새벽 5시면 일어나서 궁상을 떨어요. 그것도 10년 이상을…,

당신 선녀 맞아요? 난, 나무꾼 맞아요? 사냥은 해도 나무는 못하는데…, 사냥꾼이면 몰라도…, 아! 이런 동화 들어봤어요?. 「사슴과 사냥꾼이야기」라고,

사냥꾼이 사슴을 발견하고 추격했어요. 거의 잡힐 순간에 사슴은 선녀를 발견하고 애원했어요.

“제발 저를 감춰주세요.”

선녀는 사슴을 치마 속에 감춰주었어요. 사냥꾼이 숨 가쁘게 달려와 선녀에게 물었어요.

“이곳으로 뛰어온 사슴을 보았나요?”

“아뇨!, 절대 내 치마 속에는 없어요.”

“다 알아요. 그렇지만 사슴을 살려주겠소. 단, 내가 당신 치마 속에 숨겠소.”

선녀, 재밌어요. 이런 이야기가…, 나무꾼과 선녀, 사슴과 사냥꾼을 패러디한 거예요. 쓰고 보니 굉장한 걸작이네요. 그냥 재미있으면 돼요. 나무꾼은 매달 그믐날만 기다려요. 목욕하러 내려오는 선녀를, 요즈음 몸짱 선녀들은 보름날 온다던데…, 매주 내려오면 안 되나요. 그러면 재미있는 이야기 많이 해줄 텐데….

2005. 10.1

연대緣坮

당신이 나를 만날 수 있는 확률을 계산해 보세요. 당신이 태어날 수 있었던 확률부터 이제껏 생존하며 나를 만날 수 있었던 확률은 아마도 로또복권 당첨보다도 희박하지 않겠어요? 거기다가 내가 당신을 만날 수 있었던 확률을 더해야 하니까 우리 둘만의 뜻으로 만난다는 것은 아예 불가능했었지 않을까요? 그런데 사람들은 "옷깃만 스쳐도 인연이다."고 하면서 만남을 아주 쉽게 말해버리고 말아요. 사실 그 말도, 본래는 그런 뜻이 아니었어요. 시내버스 안에서 옷깃을 스칠 수 있는 인연도 수학적 확률로는 거의 불가능할 거예요. 그런데 어떻게 당신을 만날 수 있었는지 모르겠어요. 그저 인연因緣이라고 해둬야겠지요. 불경佛經에서 인간의 만남이 얼마나 어려운지를 조금 이해했어요. '외눈박이 거북一眼之龜'이란 글귀가 있더라구요.

외눈박이 거북이 만경창파를 헤엄치다 뒤집힌다.

온 힘을 다하여 몸을 다시 뒤집으려 한다.

그러던 중, 떠다니는 통나무 하나를 발견한다.

그 통나무를 잡는 순간,

눈이 부셨다.

그 통나무엔 옹이가 빠져나간 구멍이 하나 있었다.

그 구멍 속으로 햇빛이 들어와 비친 것이다.

그 거북의 외눈과 옹이구멍의 만남.

인간의 만남이란 그와 같다.

당신은 외눈박이 거북이를 본 적이 있나요? 난, 아직도 보지 못했어요. 한약국 벽에 걸린 박제된 거북이일지라도 두 눈이 멀쩡하게 있더라구요. 그렇게 희귀한 외눈박이 거북이가 푸른 바다 위에서 뒤집힐 확률은 어떻고요? 게다가 옹이가 뚫린 통나무를 발견하여 그 구멍을 통해 찬란한 햇빛을 볼 수 있는 일은 거의 불가능하지 않을까요? 그런데 우리는 그 일을 해냈어요. 아주 자연스럽게 당신도 나도 지금 이렇게 가까이 마주할 수 있을 거라고 예측이나 했나요?

당신에게 언젠가 말한 적 있지요? 일본 교토京都를 여행할 때 경험한 일이에요. 6월인데도 더웠어요. 습기도 많았고, 양쪽 길가엔 토산품 가게가 즐비했고요. 부지런히 언덕길을 오르다가 다리도 쉬고 물도 마실 겸 걸음을 멈췄어요. 그런데 빈 공간은 하나도 없었어요. 토산품을 파는 가게 앞에 긴 나무의자가 놓여 있었어요. 의자 위엔 부채도 놓여 있었고 앉고 싶었어도 그러지 못했어요. 부채가 놓여 있으니 아마 주인이 앉아서 쉬는 의자일 거라고 생각했던 거죠. 그 앞에 서서 망설이고 있으니까 안에서 주인으로 보이는 아줌마가 나오는 거예요. 손에는 '차茶'까지 쟁반에 들고서. 그리고는 나한테 "도오죠!"하는 거예요. 앉으라는 뜻이에요. 나무 의자에 앉으니 차를 내게 주는 거 아니겠어요? 얼마나 고마운 일이겠어요. 얼른 받아 마시고 고맙다는 예를 표했죠. 이번에는 긴 위자 위에 놓인 부채를 집어주면서 부치라는 거예요. 그리고는 안으로 들어가더라고요. "고 윳구리천천히 쉬세요"하면서, 맞은 편 가게 의자에 앉아 있는 사람들도 다시 쳐다보니 주인이 아니고 지나는 사람들이었어요. "이런 고마운 사람들이 다 있구나."했어요. 일어나면서 긴 나무의자를 돌아보니 '緣台'라는 글씨가 새겨져 있었어요, "인연을 맺어주는 의자"라는 뜻이에요. 얼마나 감동했는지 몰라요. 그 가게 앞 의자에서 10분도 안 되는 시간에 나는 몇 겁 년의 인연을 맺은 거예요. 생각해보면 놀라워요. 내가 일본에 와서 그 의자에 앉을 수 있는 확률을 계산해 보세요. 얼마나 깊은 인연이겠어요. 당신을 만난 인연도 그런 거 아니겠어요.

내려오는 길에 그 가게 안에 들어가 조금만 기념품 하나를 샀어요. 그리고 말을 건넸어요. 아까 마셨던 녹차가 일본에 와서 마신 차 가운데 가장 맛있었다고 하면서. 아줌마는 "그런 생각으로 마셨기 때문에 그렇겠죠" 하는 것이에요. 다시 한 번 놀랐어요. "아! 그렇구나. 맛있다고 생각하고 마시니까 맛있을 수밖에…."

평생 그 의자를 잊지 않을 것 같아요. 당신과 만난 인연은 그보다 더 하지 않을까요. 그런데 사람들은 좋은 인연善緣; 선연으로 만났다가 악연惡緣으로 끝을 맺는 경우가 적지 않아요. 조금이라도 생각해 봐요. 어떤 인연으로 만났는데 아웅다웅하겠어요. "백 년도 채우지 못하는 인생에 한 사람 마음 따뜻하게 하려는 것도 어찌 그리 어렵던가."하며 열반涅槃에 든 어느 스님의 말씀도 생각나네요. 왜 그렇게 사는가 모르겠어요. 지금부터라도 맛있다는 생각을 갖고 녹차를 마실 수 있는, 그런 마음부터 가져야겠지요. 그러면 언젠가는 한 사람의 마음은 따뜻하게 해줄 수 있지 않을까요. 꼭 그렇게 될 거예요.

"외눈박이 거북이가 옹이구멍을 통해 햇빛을 보았듯"
"맛있다고 생각하고 마시니까 맛있을 수밖에"

찬란했던 그 빛과 세상에서 가장 맛있던 녹차의 맛을 되뇌이며 이 글을 당신에게 보냅니다.

용인문단 9호, 2005.10

비취색 투영 속에 흐르는 강물처럼

옛 시인들은 시를 평하며 말한다. "그 시를 보고 그 사람을 모를 수 있는가?"하고, 어찌 시뿐이겠는가. 그림이나 소리, 춤꾼의 몸짓에서도 그를 읽을 수 있지 않겠는가? 요즈음의 평자들은 그것을 개성이라고 말한다. 옛 사람들이 즐겨 말한 바는 작자의 변별적인 특징을 지칭하는 '개성'만을 말한 것이 아니다. 작품 속에 잠재한 '성정性情'을 함께 말하고 있는 것이다.

처음 지강之江을 만난 것은 그의 작업장이 있는 신둔면 고척리의 구불구불한 논두길에서이다. 그때도 지금처럼 청바지를 입고 흰색 티셔츠에 흰 고무신 차림새로 논두길을 조용히 혼자 걷고 있었다. 그런 인연 때문인지 그의 작품을 마주하면, 거기엔 항상 그때 모습의 지강이 조용히 걷고 있다. 청바지, 흰색 티셔츠, 흰 고무신…, 편하기 그지없는 차림새이다. 꾸밈새도 없다. 말수도 적은 그를 닮아선지 한참을 기다려야 웃으며 몇 마디 던져준다.

그가 유독 청자를 좋아했던 이유도 어린 시절 옥수玉水 흐르는 냇가의 추억에서 시작한 것 같다. 구불구불한 논두길과 눈빛으로 대화하던 '이름 모를 산새' 칡넝쿨이 엉킨 산속의 '다래' '머루', 그리고 어머니를 기다리던 대문

앞의 서정이 그의 작품에 잔잔한 여운으로 융즉融卽되어 있다. 그의 작품을 보노라면 나 역시 구불구불한 논둑길을 나서고 있다. 옥빛 하늘을 비상하는 이름 모를 새를 본다. 그가 오랜 세월 속에 찾아낸 청자의 색깔은 '옥수' 그대로이다. 비취색 투영 속에 잔잔히 흐르는 강물과도 같다. 쉼 없이 흐르기에 이끼가 없다. 더 짙거나 흐리거나 변함이 없다. 항상 그대로이다. 그래서 낯설지 않다. 누구나 쉽게 익숙해질 수 있다. 그는 성형成形 못지않게 문양紋樣에 중점을 둔다. 주로 상감법을 즐기며, 예리한 조각도로 빗살을 음각하고 새로운 기법을 스케치한다. 특히, 수직된 형태의 직선을 잔잔히 표현하므로 많은 시간을 필요로 하는 문양에 매력을 느끼고 있다. 또한, 직각에 가까운 밑부분을 작품에 접목시켜 보다 현대적인 맛을 표현하는 과반果盤을 즐겨 제작한다.

이번 전시회에서 만난 작품들은 그가 인내하며 제작해온 전통도자기법의 습합에서 새로운 세계를 열어 보인 계기가 된 작품들이다. 분명, 그에게는 새로운 세계의 작품인데도 보는 이에겐 그렇게 낯설지 않다. 성형은 다르되 성정이 같기 때문이다.

그의 작품은 "부드러우며 선이 곱고 섬세하고, 정교한 표현이 돋보인다."는 평을 자주 듣는다. 분청의 몇 작품에서는 조형적이며 획이 굵은 추상을 빚으려는 의도가 표출되어 있다. 그런데도 거칠게 느껴지지 않는다. 그의 성정 그대로이다. 그는 도자의 기능성과 실용성을 강조한다. 단순하면서도 격조가 있는 전통도자의 본연을 살리되, 늘 곁에 두고 싶은 '그릇'을 만들고자 한다. 청자 그릇의 미래를 꿈꾼다. 청자 디너세트, 진사 앞접시와 잔으로 이루어진 상차림 등이 그러한 시도의 산물이다.

그는 자기 심성에 충실하여 '참그릇'을 만들고자 했던 그 옛날의 도공을 흠모한다. 화려한 찬사를 받으며 박제가 된 예술품을 만들기보다는 '참그릇'을 만들고 싶어 한다. 오늘도 흰 고무신을 신고 논둑길을 걷는 까닭은 거기에 있다.

월간도예 11월호, 2005.11

밥이나 함께 먹고 삽시다

그냥 살아요

그냥 살아요
남들도 다 그렇게 살고 있어요

한 백 년 살아도
변할 게 없대요

아웅
다웅

재미삼아
그냥 살아요

밥이나 함께 먹고 삽시다

친구 K의 이야기를 듣고, 나의 일 같아서 적다.

1

누구나가 매년 새해 첫날이면 새 꿈을 펴 보인다. 아니면 가깝게 지내는 이에게 새해 다짐과 바람을 물어보는 것이 첫인사이다. 누구는 온 식구 앞에 선서를 하였다. 앞으로는 절대 금연, 금주하겠다는 것이다. 자식 녀석 앞에서 당당하게 말하였다. "만일 이 약속을 지키지 않으면 너라도 질책하라. 그땐 네 아비가 아니다." 이처럼 호언장담을 해놓은 그에게 사흘이 안돼서 커다란 문제가 생겼다. 금연, 금주하는 것은 그래도 지켜왔으나 왠지 모든 일에 의욕이 없어졌다. 주변의 친구를 만나는 것이 두려워졌다. 친구를 만나면 분명 술을 권할 테고, 그것을 사양할 용기가 나지 않았다. 담배 또한 마찬가지이다. 술 있는 곳에 담배가 빠지겠는가. 온종일 빈 담배만 빨고 집안 구석구석 서성이고 있는 그의 모습을 지켜본 식구들의 애처로운 시각은 어찌 했겠는가. "차라리 조금씩 줄이겠다고 말할 걸" 그런 마음이었을 것이다. 자식 녀석을 일부러 세워놓고 선서까지 했으니, 아내가 번복을 권유한다해도 그것은 어려웠다. 그렇다고 자식 몰래 약속을 파기한다면 그것은 자식을 속이는 일이다.

매년 첫 약속이 깨지고 만 것을 자식은 잘 알고 있다. 어쩌면 이 일 때문에 아버지의 권위가 무너지는 것이고, 그렇게 되면 자식농사는 뻔한 일이다. 권위가 서지 않으니, 자식에게 무엇을 위엄 있게 가르치겠는가. 누구는 두려움까지 느꼈다. 아내는 보다 못해 남편 몰래 자식과 상의하였다. 일방적으로 약속을 파기토록 권유하는 것은 아버지의 자존심을 건드리는 일이니, 그럴 수는 없고 대신 다른 약속을 제시하기로 했다. 자식이 직접 아버지에게 약속을 철회할 것을 말씀드릴 것도 정하였다. "저- 아버지. 금연, 금주 잘되세요" "암, 자신 있다구" "그런데 안색이 좋아 뵈지 않은데요" "갑자기 끊으면 그럴 수 있대" "그러시질 말고, 좀 줄이는 정도로 하시지요." "안돼, 네게도 약속했잖아" "그냥 이렇게 집에서만 계실 거예요" "글쎄-" "이렇게 하시지요." "어떻게, 그건 안돼" 대충 이 같은 대화가 있었다. 그날 잠자리에서도 아내는 나직이 건넸다. "진짜 끊으실 거예요" "그래야 되는데" "아까 그 애 말대로 합시다." "그럴 수는 없잖아." 아내와의 상의에도 불구하고 해결을 보지 못한 누구는 밤새 고민하였다. 또 하루를 오늘처럼 보내야 한다고 생각하니 여간 고충이 아니었다. 금연학교에 들어갈 것을 다짐하기도 하였다. 다음날 식구들과 아침식탁에 앉았다. 식사를 먼저 마치고 신문을 펼쳤다. 맨 처음 눈에 띈 것은 「담뱃값, 소주값 인상」 소식이었다. 한편으로는 반가웠고, 다른 한편으로는 "이젠 영락없이 죽었구나."하는 생각이 스쳤다. 담뱃값도 올랐고, 소주값도 올랐으니 끊어야 할 명분만 분명해진 것이다. 그것이 자신의 다짐을 확고히 해주면 아무 일 아니건만, 꼭 그런 쪽으로만 마음이 기운 것은 아니었다. 더욱 먹고 싶은 것을 어쩌랴. 사다놓은 담배, 먹다 남은 소주라도 비우고 끊는 것이 현명하다는 결론에 달했을 때이다. 자식 녀석은 그 같은 마음을 헤아렸는지 어느샌가 담배를 테이블 위에 갖다 놓았다. "앞으로 금연, 금주 하신다고 했으니, 뒤에서 피우세요" "맞다, 맞아. 앞에서만 안 피면 되는 거야. 허허헛헛핫핫" 그 같은 묘수가 있다니. 누구는 이젠 혈기가 돋았다. 훨훨 털고 밖으로 나갈 참이다. 문을 나설 때 아내는 말을 건넸다. "그 대신 다른 약속해주세요" "뭔데- " "밥이나 함께 먹고 삽시다" "그래?, 그러지. 그거야 어려운 일인가. 먹자는 일인데"

누구의 하루는 여느 때보다도 즐거웠다. 괜한 호언장담으로 사흘간 곤혹을 치르다 겨우 면했으니, 어찌 즐겁지 않겠는가. 친구를 만나 술자리에서 그 같은 이야기를 시원스럽게 털어놓았다. 그리고 호탕하게 웃어버렸다. 아무런 생각 없이 마시다보니 여느 때처럼 늦어졌다. 왠지 미안한 생각이 들어 집에 전화를 하였다. 누구는 아내의 말에 당황하였다. 아침에 나설 때 "밥이나 함께 먹고 삽시다"고 분명 약속했지 않았는가. 아침의 약속을 하루도 못 되어서 어기다니. "먹자는 일인데", 그것까지 저버리다니. 얼굴이 달아올라 더 이상 술자리에 있을 수가 없었다.

2

나에게 언젠가 이런 적이 있었다. 신혼시절 때이다. 아내는 달력에다 무언가 열심히 표시해두었다. 날짜 밑에 *표를 해두었다가, 어느 날 책상 위에 쪽지와 달력을 함께 놓고는 밤늦도록 돌아오지 않았다. 쪽지엔 "이러고도 부부라 할 수 있는가?"라는 글귀만 적혀 있었다. 달력의 표시가 무엇을 의미하는지는 도대체 알 수가 없었다. 무언가 단단히 화가 났구나하는 생각 외엔 아무런 추측을 할 수가 없었다. 거의 자정 무렵에 돌아온 아내의 눈치를 살피며 무조건 잘못했다고 빌었다. 잠자리에서야 겨우 달력에 표시된 것이 무슨 의미인지를 물었다. 전혀 상상 밖의 표시였다. 표시된 날짜는 아홉인가 열 개인가 정도였다. 그것은 바로 아내와 함께 밥을 먹었던 날들의 표시였다. 한 달에 열흘이라는 표시가 아니라, 90끼니 가운데 9~10회라는 숫자에 더욱 놀라왔다. 그럴 수가 없다는 생각에 함께 계산해 보았다. 맞벌이를 하는 처지니 점식식사 30이 빠지고, 아침을 본래 안 먹는지라 30이 또 빠지고, 남는 숫자 중에서도 주말마다 날라드는 애경사의 일, 교외활동, 시골집 등등 제외하니 그럴 수밖에 없었다. 이후에도 아내는 바람을 묻는 남편에겐 그저 "밥이나 함께 먹고 삽시다."는 소박한 바람을 건넨 적이 있었다.

3

누구와 나는 이 같은 생각에 또다시 착잡함을 느꼈다. 최소한 오늘은 저녁이라도 같이 했어야 했다. 내가 집에 도착한 시간은 10시쯤이었다. 아내는 아무런 말이 없었지만 그것이 더욱 두려웠다. 차라리 무슨 투정이라도 했으면 면죄될 수 있었을 텐데……, 엉뚱하게도 아내에게 겨우 건넨 말은 "밥 먹었어"이다. 10시까지 저녁을 굶고 견뎌낼 이가 어디 있겠는가. 그럼에도 내던진 말이 겨우 그 말뿐이었다. 아내는 그 말뜻을 내심 알았는지 "아뇨-"라고 대답했다. 둘은 밤 10시가 넘어서 저녁상을 마주했다. 둘은 아무런 말도 없이 또 한 끼의 밥을 먹었다. 그리고 각기 생각하였다. 먹자는 일인데도 함께 하기 어렵다는 사실을 ……, 무엇을 위해 사는가. 속된 표현이지만, 우리의 삶이 "먹자고 하는 짓"이라고 해도 틀린 말은 아닐 것이다. 그렇다면 그 짓은 왜 하는가. 누구와 함께 먹자고 하는 짓인가. 혼자 배불리 먹자고 그 짓을 할 리가 없지 않은가.

4

올 한 해의 작은 바람은 "밥이나 함께 먹고 삽시다."이다. 그것이 우리 가족 모두의 바람이다. 최소한 "먹자는 일인데", 그것을 못 지키겠는가.

강남문화 6집, 1998.2.

십오년 만에 딸 하나 얻다.

1

결혼한 지 15년 만에 딸 하나 건졌대서 한 때는 주변 사람들의 주목을 받았다. 어떤 이는 비법(?)을 물어보고 싶다면서 짬을 빌기도 했다. 자신의 친척 아무개가 십년이 지났는데도 아이가 없다는 것이다. 물론, 내 경우처럼 아무 탈이 없는데도 왠지 아이가 없다는 것이다. 이유가 없겠는가. 몰라서 그렇지. 아니면 숨겼든가. 어떻든 그 때마다 내 지론은 "마음을 비우세요" "될 수 있으면 별거하세요"이다. 사실 이 지론은 귀찮아서 화두처럼 내던지는 말이 아니었다. 내 경우 그렇게 해서 얻었다. 심지를 굳혀 마음을 비운 것도 아니었다. 그저 포기했던 거고, 시골집의 부모가 근무지 근처에 사시니 일주일에 두 번 이상은 별거하게 되고, 답사니 뭐니 해서 주말을 비우면 일주일에 한두 번 함께 잠을 잔다. 미안한 생각에 더욱 열심히 사랑하고, 그저 그래서 15년 만에 딸 하나를 얻었다. "하늘을 봐야 별을 따지" 하는 으름짱 속에 외눈박이 거북이가 나무옹이를 통해 하늘의 빛을 본 것처럼 딸 하나를 얻었다. 그래서 이름하기를 '은표銀杓'라 했다. 표杓자는 돌림자요, 은銀자는 오행五行에 맞춘 것이다. 은하수처럼 많은 작은 별 속에서도 북두성처럼 빛나라는 뜻에서 붙인 것이다.

2

15년 만에 얻은 딸로 인해 커다란 변화를 가져 왔다. 우선, 아내는 자신감이 생겼다. 별 하나를 따 놓은 것같이 당당하다. 십여 년 간 남의 돌잔치를 피해왔던 그 심사를 몰랐던 것은 아니었지만 그때마다 나무랐다. 그래 놓고는 나 역시 담담하게 딴 짓으로 분위기를 바꾼 적이 수없이 많았다. 아이들 놀이터가 베란다 앞에 있는데, 지금 살고 있는 아파트를 선택했던 사실도 딸 하나를 얻고서야 말해줘서 알았다. 그 동안 출퇴근길에 놀이터를 지나며 어떤 생각에 잠겨 있었을까 돌이켜보니 아찔하다. 이제 아내는 그 놀이터에서 산다. 다른 아이들의 엄마보다 더 열심히 그네를 밀어준다.

또, 아내는 마음이 부처님처럼 넓어졌다. 나 혼자 오랫동안 가까이 지내온 새봄 엄마에게도 말투가 부드러워졌다. 학교에서 학부형 대하듯이 어투가 공식적이었는데, 이제는 내가 옆에 있어도 제쳐두고 서로 통화할 정도로 마음이 넓어졌다. 그리고 집안 분위기가 달라졌다. 책장에 책이 물러나고 온통 장난감이다. 사용하지 않아 치우려고 했던 비디오 녹화기가 지금은 불이 날 정도이다. 노래는 꼬마들 동요뿐이고

3

내게도 커다란 변화가 생겼다. 웬만하면 포기할 수 있는 아량이 생겼다. 내가 하지 않으면 안 될 것처럼 고집스럽게 해오던 일을 기꺼이 남에게 내준

다. 그러고도 마음에 걸리는 것이 없다. 집에서는 바닥에 물건이 즐비하게 널려 있으면 참지 못하던 내가 화를 내지 않는다. 아내가 그렇게 해놨으면 난리가 났음직한데 이젠 아무렇지 않다. 무소식이 희소식이라는 궤변으로 밖에서 안주하고 있던 내가 매일같이 전화를 한다.

이제서야 남들이 사는 삶을 살고 있는 것이다. 별다른 삶에 특별한 사람처럼 자신했었는데도 그것이 아니었다. 일 속에 묻혀 살며 열심히 살아왔다고 생각했는데, 그런 것만이 일은 아니었던 것 같다. 아이들 때문에 커다란 일을 포기해야 했던 동료들을 의지가 약하다고 평했다. 아내는 딸 하나 때문에 20년이나 다닌 직장을 포기하겠다고 한다. 무엇이 아내를 그렇게 용감하게 만들었는지 궁금하다.

1998.6.12

아비유

"딸이라도 있으니, '아빠' 소리를 듣는다."

처가에 가면 장인은 대견하다는 듯이 내게 말씀하신다. '아빠' 소리를 평생 처음 들었을 때의 충격을 생각해 보라. 이 얼마나 가슴을 뭉클하게 했던 소리였는가. '엄마'보다 나중에야 '아빠'를 말할 수 있는 것이 적잖이 속상했을 때 '아빠'를 연거퍼 말하는 아이를 보노라면 "이 때문에 사노라"를 외칠 것이다. 온 식구들이 자신의 칭호를 불러 달라며 열심히 단어를 주입시킨다. 그 때마다 아이는 따라서 말하고, 그것이 신기해서 선물을 사준다. 아이에겐 뇌물이지만…,

내겐 '아빠' 소리만큼이나 평생 잊지 못할 또 하나의 단어가 있다. 바로 '아비유'이다. 언젠가 열 개 정도의 단어도 알지 못하는 딸아이가 혼자서 '아비유'를 열심히 되뇌이고 있었다. 나는 그렇게 생각했다. 아내가 부모님께 전화 드리면서 "애비가 ~"하는 말을 흉내내는가 보다고. 그런데 그것이 아니었다.

하루는 손 안에 작은곰 인형을 들고 있는데, 누를 때마다

"아 - 비유"

"아비 - 유"

소리가 났다. 딸아이는 그 소리에 맞춰 '아비유'를 따라 했다.

그때서야 의심이 풀렸다. 곰인형은 여학생이 내게 스승의 날 선물이라며 갖다 준 것이었다. 그저 곰인형이구나 하는 정도로 생각하고 집에 갖고 와서 딸아이에게 내줬었다. 나중에 안 사실이지만, 누를 때마다 "아이 러브 유" 소리가 나는 인형이다. 아이는 우연히 누를 때마다 그 소리를 접하고 신기했던지 열심히 되뇌였던 것이다. 거의 건전지가 다해지면서 '아비유' 소리로 변한 것이다. 내심 웃지 않을 수 없었다. "아이 러브 유"를 "애비~ "운운하며 상상했으니…,

딸아이가 내게 '아비유' 했던 소리를 좀더 빨리 이해했다면 그때마다 뽀뽀해 줬을 것이다. 이런 일이 있은 뒤로 우리 가족의 사랑 표현은 '아비유'가 되었다. "애비- 유"가 아니고, "아 - 비유".

딸아이가 커서 어느 누구에게 '아비유' 했을 때를 생각하면 더욱 정감 있게 들리는 소리이다. 딸아이는 이렇게 말할 것이다. '아비유'하다가 '애비유' 하는 것이 인지상정 아녜요.

1997.11.

딸아이 생일날

1

아내는 며칠 전부터 뭔가를 열심히 생각하고 있었다. 달력을 옆에 놓고 나름대로 메모를 한다. 내 눈치를 보며 이번 주 금요일엔 학교에 나가는가, 안 나가는가를 물었다. 강의가 있는 날이니 출근하는 것이 뻔한 일인데도 묻는 것이 이상했다. 10월이니 달력을 보라는 것이다. 심상치 않다는 생각에 달력을 보니 첫째 주는 온통 빨간 색이다. 개천절이 있고 추석 연휴가 있고, 그 사이에 일요일도 끼어 있었다. 추석이니 뭔가를 준비해야 되지 않느냐 그런 것이려니 했다. 그것도 아니었다. 10월 1일은 국군의 날, 10월 2일은 딸아이 은표의 세 번째 생일이다. 다른 집 달력보다 유난히 빨갈 수밖에 없었던 것이다.

아무리 무심하다해도 15년 만에 얻은 딸아이의 생일 정도야 잊을 수 있었겠는가. 그런데도 각별히 주지시키려는 뜻에서 부산을 떨었던 것이다. 그리고 아내에게 나름대로 이유가 있었다. 휴일이 아니니 아내도 출근을 해야 하고,

퇴근해서는 추석 귀향길에 나서야 되니 딸아이의 생일을 챙겨줄 수 없기 때문이었다. 속셈은 "하루쯤 뒤에 내려가도 좋겠는가?"에 있었던 것이다.

심상치 않은 제안이기에 무조건 집에 있겠다고 하고, 시골집에도 토요일 아침에 내려가자고 했다. 그때서야 아내는 얼굴이 펴졌다.

2

10월 2일 새벽부터 아내는 부엌에서 부산을 떨었다. 우리 식구 모두가 아침식사를 하지 않기 때문에 그 같은 모습은 좀처럼 볼 수 없는 광경이다. 아내는 열심히 미역국을 끓이고, 아이의 생일 떡을 챙겨서 그릇에 담아 싸기에 바빴다. 딸아이 세수조차 못시키고 음식과 함께 보내고 나서야 출근했다. 아내에겐 그것이 최선의 방법이었던 것이다. 오늘만큼은 "아빠와 함께 있었으면" 하는 마음이었는데 그렇게 되지 못해서 못내 서운해 하였다.

딸아이는 매일 아침 7시 30분에 제일 먼저 출근한다. 다음에 아내가, 그리고 나중에 내가 한다. 엘리베이터를 타면서 "엄마, 아빠 다녀오세요!" 손을 흔드는 모습에 그저 흐뭇하였었다. 그 같은 생활이 익숙해서 전혀 이상하지 않았다. 그런데, 오늘은 그렇지 않다.

딸아이는 늘 그랬듯이 '큰엄마'에게 가길 원했고, 어떠한 유혹도 아이를 만류할 수 없었다. 아내와 딸아이가 출근한 뒤 혼자 남아 있는 내겐 여유보다는 착잡함만 맴돌고 있다. 뭔가 뒤바뀌지 않았는가? 지금 이 시간엔 내가 출근해야 했고, 아내와 딸은 집에 있어야 정상적인 가정이 아닌가? 아무리 생각해도 정상은 아닌 듯하다.

새벽부터 부산하게 준비한 생일음식을 딸아이는 남의 집에서 다른 식구와 함께 먹었을 것이다. 그 같은 생각에 마음은 더욱 산란해진다.

3

저녁에야 세 식구가 함께 자리하였다. 아니 항상 엄마를 대신하는 이모가 주도해서 조촐한 생일파티가 열렸다. 아이들 모두 그렇겠지만 딸아이는 촛불을 끄고, 케이크를 자르고, 축가를 하는 것 자체가 마냥 즐겁다는 표정이다. 나는 그 같은 모습을 비디오테이프에 담고자 분주하고, 아내는 연출가가 되어 지시를 한다. 아이는 연기자가 된다. 이모는 웃음을 참지 못해 뒹군다. 아이는 더욱 신이 났다.

1998.10.2

*작은 일로도 이렇게 즐거울 수 있는데 왜 그렇게 살지 못하고 있는가? '의미' 있는 날에만 즐거워야 되는지, 그것도 연출을 통해서…
우리는 바쁘다는 이유로 너무도 소중한 '작은 일'을 잊고 있다. 왜 바빠야 하는지도 모른 채 그냥 바쁘다. 세 식구 함께 식사할 기회도 없이 바쁘다. '오늘 하루쯤은 휴일이 아니어도 쉴 수 있었으면 좋았을 것'을 잠자리에서 반성해 본다.

처인재處仁齋

내가 사는 곳을 '처인재處仁齋'라 이름했다. "어진 이들이 모여 사는 집"이란 뜻이다. 용인의 옛 이름이 '처인'이었고, 『논어』 이인里仁편에도 '처인'이란 말이 나오기 때문에 따온 말이다.

"子曰 里仁이 爲美하니 擇不處仁이면 焉得知리오."

공자께서 말씀하셨다. 마을이 어진 것은 아름다운 일이다. 어진 곳을 선택하여 거처하지 않는다면 어찌 안다고 하겠는가.

논어에 나온 말대로라면 '처인'에 거주한다는 것은 꽤 잘한 일이다. 남들도 나를 두고 말하길 "무언가 알고 있군." 할 것이다. 고향에 머물면서 후학을 가르친다는 일도 좋은 일인데, 거처하는 곳이 '처인'이고 보니 얼마나 좋은 일인가.

처인재는 큰길가에서 멀지 않은데도 시끄럽지도 보이지도 않는다. 큰길을 가린 산이 있고 처인재는 산을 등지고 있으니 밖에선 보이지 않는다. 산모

롱이를 에돌아 빠져 나와야 대문이 보인다.

처인재의 북서쪽은 야트막한 산이요, 앞쪽인 동남향엔 들과 실개천이 보인다. 멀리는 역시 산이다. 밭이 있어 채소는 자급자족한다. 갖가지 과일나무도 있어 열매가 맺는다. 연못도 있다. 크진 않지만 산기슭의 물이 흘러 들어와 마르지 않는다. 그 속에선 물고기도 제 마음대로 논다. 앞 뒤 마당엔 빙 둘러 화초가 있어 꽃이 쉼 없이 핀다. 한 겨울에도 꽃이 핀다. 소나무와 향나무 위에 내려앉은 백설은 봄꽃보다 화려하다.

처인재는 제법 넉넉한 공간이다. 두 마리의 개가 집 밖에 나가지 않고 앞마당과 뒷산을 뛰어다닐 정도로 넉넉하다. 이곳에 사는 가족들 모두 넉넉하다. 팔순을 넘은 부모의 연세가 넉넉하다. 여섯 살인 딸아이는 넓은 집 아래 위 층을 뛰어다니니 넉넉하다. 아내와 나는 하늘의 달과 별, 들꽃을 마음껏 볼 수 있어 넉넉하다. 처인재에선 일부러 일출을 보겠다고 야단스럽게 준비할 필요가 없다. 창문을 열면 곧바로 찬란한 햇빛이 가슴에 와 닿는다.

처인재엔 머지않아 많은 이들이 모여들 것이다. 처인재는 본래 '넉넉함'을 함께 나눌 '어진 사람'들을 위해 마련한 공간이다. 남들은 식구도 많지 않은데 왜 그렇게 집을 크게 지었느냐고 묻는다. 내심은 나중에 후학의 교육을 위해 미리 마련한 공간이다. 방문만 털어 내면 강의할 만큼이나 넓직하다. 처인재에서 옛 성현의 글을 가르친다면 이 아니 좋겠는가. 그래서 욕심을 내어 크게 지은 것이었다. 처인재에서 후학을 가르칠 날을 꼽으며 '處仁齋'라는 현판의 글씨도 미리 받아두었다. 처인재에서 옛 성현의 글을 읽는 소리가 퍼지면 이 마을 전체가 넉넉해 질 것이다. 처인재 주인은 "里仁

爲美마을이 어질면 아름다운 일이다."라 한 공자의 말씀을 되뇌이며 오늘도 잔디밭의 풀을 뽑는다.

2004.8.27.

나무도 잠을 잔다

1

딸아이가 네 살 무렵이었다. 그때 우리 식구는 한 달에 두 번 정도는 서울 집에서 용인집을 오갔다. 용인집에 노부모가 별도로 기거하셨기 때문이다. 용인집에 왔다 돌아가는 시간은 한밤중이 된다. 귀경 차량을 피해서 가자니 그렇게 되었다. 그때마다 아이는 항상 차를 타자마자 잠에 든다. 안식구와 나는 1박 2일간의 일과를 결산한다. 으레 가족들의 시시콜콜한 이야기가 화제에 오른다. 30분 정도 이야기하다보면 어느 땐 언쟁이 되기도 한다. "그렇게 해서는 안 된다."는 것이 내 주장이요, "그럴 수밖에 없었다."는 것이 안식구의 항변이다. 발끈한 생각에 내 목소리가 커지면 아이는 놀래 깬다.

하루는 이런 일이 있었다. 잠에서 놀래 깬 딸아이기 더 큰 목소리 외쳤다.

"아빠 엄마는 내가 잠자는 것이 그렇게 싫어!"

"매일같이 시끄러워 잠을 어떻게 자냐?"

"나무들도 다 잠을 자잖아?"

아이의 그 같은 항변에 나와 안식구는 머쓱해 진다. 마주보고 웃으며 고작 하는 말이 "넌 잠이나 자"이다. 그렇게 해서 언쟁이 끝난다. 다시 용인에서의 일은 기억에서 멀어진다. 이젠 서울에서의 생활이 화제에 오른다. 월요일부터 토요일까지의 일정을 미리 통고하는 시간이다. 다행히 서로의 일정이 중복되지 않으면 별 문제가 없다. 간혹 같은 날, 같은 시각에 늦게 귀가하게 될 계획이 있으면 자못 심각해진다. 남들은 각자 볼일을 보면 되지만, 우리는 그렇지 않다. 아이를 맡아볼 사람이 있어야 하기 때문이다. 안식구의 일정을 바꾸라는 것이 내 주장이고, 결국은 거의 그렇게 되지만, 집에 도착할 때까지 마음은 찜찜할 뿐이다.

2

언젠가는 이런 일이 있었다. 그 때도 용인집에서 서울로 돌아오는 길이었다. 아이는 역시 잠이 들고, 우리는 무엇 때문인지 언쟁이 생겼다. 그때는 크게 말한 것도 아닌데 아이는 눈을 떴다. 아이는 또 항변한다.

"이그, 또 그러는구나!"

"엄마는 조용히 하구"

"아빠? 불 꺼, 나무도 잠을 자잖아!"

아이 엄마가 묻는다.

"왜? 불을 꺼?" "나무가 잠자야 된대?"

아이는 고개를 끄덕이며 이내 잠을 잔다. 안식구는 내게 기가 차다는 듯이 혀를 차며 말을 건넨다. "이젠 얘 땜에 쌈도 못해" "당신도 조심하슈."

난 잠시 상념에 빠졌었다. 아이의 말을 되뇌이다 불현듯 미소를 지었다.

"여보야! 이 애 시인되겠다."

"생각해봐. 나무도 잠을 자니까 조용히 하라"

"불을 끄라"고 하지 않았냐?"

정말이지 아이는 시인이다.

"아빠 불 꺼 나무도 잠을 자잖아"

어두운 시골길을 밝히려고 전조등을 상향조정해서 달리던 우리는 다소곳해졌다. 차의 속도는 최대한 줄어들었고, 불도 약간은 희미해졌다. 아이는 더 깊은 잠에 빠졌다. 아내도 이내 잠이 들고 나는 밤을 조용히 가르며 서울로 돌아왔다.

3

처인재에 살면서 "나무도 잠을 잔다."는 말을 직접 들었다. 내가 사는 삼박골에선 여름철에는 논길 옆에 나란히 세워 놓은 가로등이 모두 꺼져 있다. 열심히 나가서 켜 놓으면 누군가가 꺼 놓는다. 처음엔 서울에서 내려온 우리 식구를 길들이기 하나 보다고 생각했다. 공익을 위해 설치한 가로등을 꺼놓은 것이 못내 불평스러워 옆집 유씨 아저씨에게 말했다. 누군가가 꼭 불을 꺼놓는데 잘못된 일이 아닌가해서 다그친 것이다. 그쪽에서 나즉이 가르치듯이 일러주었다. "서울에서는 모르지만, 시골에서는 여름철엔 가로등을 켜지 않는다."는 것이다. 이유는 벼를 비롯한 온갖 곡식이 잠을 자야 충실해진다는 것이다. 나무와 풀도 예외가 아니다. 사람만 잠을 자는 가보다 했더니 그게 아니었다. 삼라만상 모두가 밤에 잠을 잔다는 것을 그때야 비로소 알았다. 그런데 우리 딸아이는 벌써 그 같은 사실을 알았지 않았는가.

"아빠 불 꺼, 나무도 잠을 자잖아"

이후부터 처인재의 우리 식구는 해가 떨어지면 집에 불을 켜는 것도 조심스러워졌다. 주변이 모두 껌껌한데 우리 집만 환하게 켜 있으면 미안한 느낌을 갖는다. 지금은 거실 커튼으로 텔레비전에서 나오는 빛을 가로막을 정도이다. 잠을 충분히 잤기 때문인지 정원의 나무와 꽃, 풀조차 건강해 보인다. 도심 주변에 서 있는 가로수는 항상 수면 부족일 것 같다. 열매를 못 맺는 것은 바로 그 때문이다. 가로등과 친숙해서 밤새 떠들다보면 도심지의 나무들은 열매 맺는 일조차 잊을 것이 뻔하다.

2000.10.27

요즈음 도심지의 나무들은 연말연시면 수면결핍증에 시달린다. 화려한 조명 밑에 있는 것이 아니라, 아예 조명 전구를 몸에 두르고 있다. 잎새 대신 꼬마전구가 온몸을 감싸고 있는 것이다. 수면은커녕, 감전이나 되지 않는지? 그런 몸으로 새봄까지 견뎌낸다는 것이 장한 일이다. 나무에 입이 있다면 사람들에게 무슨 항변을 할까?

2006.12.27

그린토피아 용인을 위하여

지방문화의 육성에 바란다

전국 지역을 답사하는 일을 업으로 낙으로 삼아 다니고 있는 나로서는 지방문화의 육성에 하고 싶은 말이 많다. 이 사업은 각 지역의 중대사인 만큼 많은 경비와 노력이 경주되고 있다. 매우 고무적인 일이다. 해마다 그랬듯이 남다른 기대를 걸어본다. 여기에 굳이 바람을 적는 데는 나름대로 이유가 있다. 몇 해 전부터 전국 지역의 답사 자체에 회의적인 생각을 가진 적이 있다. 그 이유를 되씹어 본다. 해마다 하는 일이기에 남달리 기대를 걸고 집을 나선 것도 아니요, 반복되는 일이기에 싫증이 나서 그런 것은 더더욱 아니다. 아직은 젊으니 나이 탓도 아니다. 세상이 바뀌고 인심도 따라서 변한 탓이 얼마간은 있을 게다. 그러나 그것만도 아니다. 답사팀이 찾는 곳은 항상 도시와는 멀리 떨어진 외진 곳이다. 가능하면 외지 사람이 번접繁接하지 않는 곳이어야 목적을 달성할 수 있다. 세상이 변하여도 변하지 않는 곳을 찾아다니는 것이다. 이 얼마나 현실에 역행하는 일인가. 어느 노인장이 말씀하셨듯이 괜한 짓인지도 모른다. 그러나 그렇지 않다. 몇 해 전부터 내게 아쉬움을 남겨준 것은 세상과 인심이 변한다는 사실이 아니다. '변화'가 아닌 '개혁'을 운운 하는 이때에 '불변'을 고집해야 할 까닭이 없다. 변하지 않았어야 더 좋았을 것이 변해져 있다는 것이다. 더욱 관심을 갖고 원형을 지켰더라면 좋았을 것이 돌이킬 수 없는 것으로 변해져 있음을 흔히 보게 된다. 이것이 우리를 식상케 한다. 특히 지방문화를 육성한다는 기치아래 실시된 결과가 오히려 우리 답사팀을 아쉽게 하는 경우가 많다.

작년 어느 군 지역을 답사했을 때 일이다. '향토문화보존회'라는 이름 아래 활동해온 이 모임을 방문해 많은 도움을 받았다. 특히 이 지역의 민요나 풍물은 자못 뛰어나 그동안 대단한 평가를 받았었다. 그들도 대단한 긍지를 느끼고 외지인에게 자랑삼아 내보이고 있다. 그러나 그동안의 평가와는 달리 우리 답사팀은 아쉬움을 떨칠 수가 없었다. 여러 면에서 뛰어났지만 그것은 그 지역민 고유의 것이 아니었다. 그 공연에서는 그 지역의 고유성과 순수성을 살필 수 없었다. 지방의 것이라서 그저 순수해야 한다는 논리가 아니다. 수준의 고하가 문제가 아니라 원형의 재현이 무엇보다 중요하다는 것이다.

한 예를 들어보자. 우리는 곧잘 기념사진을 찍기 위해 일부러 성장盛裝을 한다. 한껏 멋을 내어 찍고는 자랑삼아 보관해 둔다. 그리고 먼 훗날 사진을 보고서 그날을 회상하며 감회에 젖는다. 마치 그때 모습이 늘 그랬던 것처럼. 그러나 실상은 어떠했었나. 그때의 복장은 한껏 꾸며졌던 가식이 아니었던가. 남의 옷을 빌려 입었을 경우를 생각해보라.

도시문화이건 지방문화이건, 고급 저급의 수준이 중요한 것이 아니다. 각 지역의 고유문화를 발굴해서 가능한 한 있는 그대로를 보존, 계승하는 것이 무엇보다도 중요하다. 제주도 고유의 민요 「오돌또기」를 강원도에서 완벽하게 재현했다고 해서 그것이 강원도의 것일 수 있겠는가. '우리의 것'이 부끄러워 '남의 것'을 흉내내는 데 땀을 흘린다면 어리석은 짓이다.

이제 새봄과 함께 '문화의 달' 운운하며 전국 각지에서 향토문화의 발굴과 계승에 또 한 번 기치를 내세울 것이다. 이때마다 한 해의 답사를 계획하는 우리는 초조함을 감출 수 없다. 올해도 그 발길이 닿지 않아 변하지 않은 곳을 찾아야 하기 때문이다.

성산신문 16호, 1993.3.25

그린토피아Greentopia 용인을 위하여

-도시개발사업과 전통문화유산 보존에 따른 문제를 지켜보며-

10여 년 사이에 용인은 괄목할 만큼 외형적인 변화를 이끌어 왔다. 각종 택지개발사업으로 인구가 갑절이나 증가하였다. 반면 제한적인 도로와 토지는 감내할 수 없을 정도로 과포화 상태이다. 이러한 문제점을 해결하기 위하여 여러 측면에서 도시개발 사업을 추진하고 있다. 이에 따른 반발도 적지 않다. 개인의 이익과 공익의 불일치에서 초래하는 반발은 불가피한 일이다. 그러나 근본적인 문제는 용인시의 개발이 다른 신도시 개발계획과 차이가 없다는 점에 있다. 애향인을 자처하는 이들의 우려가 불평만은 아님을 몇 가지 사실에서 절감할 수 있다.

용인시는 도농복합형의 시로서 아직은 어설픈 면이 없지 않다. 차라리 신도시 개발이라면 새로 시작하는 마음으로 건설에만 주력할 터인데, 그렇지 못한 것이 행정당국이나 시민들의 고충이다. 전통문화유산을 보존하고, 개발사업에도 주력해야 하니 난제이다.

도시개발에 있어 선행되어야 할 과제는 환경조건과 전통문화유산의 보존

대책이다. 그간 국토개발이란 이름아래 얼마나 많은 생태계와 문화유산이 훼손되었는지를 생각해보라. 그런데 용인시는 아직도 그러한 어리석음을 범하려 하고 있다.

구체적인 사례로 구성면 마북리에 있는 장욱진 화백의 고택이 취락구조사업에 밀려 훼손될 위기에 처해 있다. 장욱진 화백은 우리나라 현대 서양화단의 거목이다. 만년에 작품 활동을 하던 곳이 지금의 고택이다. 백여 년 전 전통한옥이고 보면 고택 자체만도 보존할 가치가 있다. 장욱진기념사업회와 가족들은 이곳에 「장욱진기념미술관」을 세울 계획이다. 한편 행정당국은 취락구조 개발 사업에 따른 도로시설을 고시해 놓았다. 이 같은 개발 사업에 여러 미술계 인사와 애향인들이 반발하는 것은 당연한 일이다. 더욱이 고택 주변일대는 옛 용인현의 치소治所였다. 지금처럼 개발되기 이전에 전 지역을 사적지로 지정해 보존했어야 될 그런 곳이다.

포은 정몽주 선생의 묘역도 도로확충사업 추진으로 경관이 훼손될 위기에 처해 있다. 능원리 안골지역은 여러 선현의 유적과 능선, 계곡 등이 조화를 이루어 수도권 일대에서는 몇 안 되는 나들이터로 손꼽힌다. 게다가 김동휘 선생은 「한국등잔박물관」을 개관할 준비까지 서둘고 있다. 자연스럽게 문화공간이 형성되는 셈이다. 그런데도 용인시는 적극적으로 문화공간을 확보하려는 노력은커녕, 도로확충사업이 건설교통부 소관이기에 책임이 없다는 투다. 어찌 한심한 처사가 아니겠는가.

용인시는 발전된 모습만 자랑삼아 이야기하겠지만, 용인이 어떻게 역사 속에 존재했는지를 심사숙고해 보라. 많은 사람들이 무엇을 보고 용인을 느끼겠는가. 시민헌장과 애향가에도 담겼듯이 용인은 아름다운 산수 속에 충효

의 전통이 숨 쉬며 연면해온 곳이다. 그 때문에 이곳에 사는 시민들은 긍지를 가지며 살아왔다. 그런데 용인시는 택지개발사업과 도로확충에 따른 편익만 행정 최선으로 내세운다는 말인가. 수도권 최대 규모의 도시, 교통의 요충지를 자랑삼아 용인시에 살고자 하는 이들이 얼마나 될지 의심스럽다. 충절의 고장이 이제는 "땅값 제일의 도시"로 인식되었을 뿐, 더 이상 자랑할 것이 없다. 장욱진 화백의 고택이나 포은 선생의 묘역이 개발 사업에 훼손된다는 사실에 부끄러움을 금할 수 없다. 그들은 말한다. 용인 사람들은 무엇 때문에 사느냐고. 땅 팔아 무엇하며 사느냐고 핀잔을 일삼는다. 아마 골프장이 많으니 그곳에서 온종일 시간을 때우고 있을 것이란다.

이제라도 늦지 않았다. 용인시가 표방하는 쾌적한 도시를 건설하기 위해서는 자연환경보존과 전통문화의 계승발전에 주력하여야 한다. 더 이상 개발 위주의 정책에 따라 전통과 역사·문화유산이 훼손되어서는 안 된다. 기왕 설정된 계획이라도 과감히 재고해 보길 촉구한다. 건설교통부 소관이니 책임이니 하는 식으로 방관해서도 안 된다. 지방자치제도하의 현 행정당국의 소임이 무엇인가. 그같이 소극적인 사고방식으로 행정을 이끌어 간다면 지각 있는 선량들은 좌시하지 않을 것이다. 경주를 관통하는 고속전철을 백지화하기 위해 백여 개 단체와 17만 명의 인구가 동원되었다. 얼마나 많은 손실을 치렀는가. 오랜 동안 문화원장을 지낸 바 있는 수원시장은 화성 성곽을 관통하는 수원천의 복개공사계획을 문화재 보존차원에서 철회하였다. 정말이지 역사와 문화를 사랑하는 시장이라고 칭송하고 싶다.

용인시는 전통문화유산을 어떻게 활용하면 쾌적한 도시가 될 수 있을지를 생각해보라. 전국적으로 농촌 환경이 파괴되는 위기 속에서 기존의 환경으로 돌아가기 위한 '그린Green 운동'이 펼쳐지고 있음을 주목해야 한다. 일부지역에서는 이러한 노력에 관광을 연결시켜 '그린토피아Greentopia'를 조성하려고 심혈을 기울이고 있다. 새로 탄생한 용인시는 여기서 더 나아가 환경보존사업의 표본으로까지 확대해서 모든 행정의 입안을 마련해야 한다. 그래야만 급격한 택지개발사업으로 문화공간이 절대 부족하다는 불평도 해소할 수 있을 것이다. 용인시는 '그린토피아 용인'을 위하여 수많은 애향인들이 예의주시하고 있음을 기억해주길 바란다.

성산신문,1996,3,23

용인시 문화재는 어떠한가.

문화체육부는 얼마 전 국보를 비롯한 전국의 문화재 지정을 재검토하겠다고 발표한 바 있다. 구체적으로 국보지정위원회를 설립하고, 문화재 지정을 요청할 경우, 일정한 기간을 두고 해당 전문위원에게 심중한 검토를 위임한 다음, 기간 내에 학계나 연구자들의 반론이 있을 시는 재고하겠다는 의지도 표명하였다. 이제야 침통한 표정으로 발표한 이 같은 제도는 처음부터 당연히 마련되었어야 할 것이다. 너무도 당연한 사실을 각고 끝에 새로운 제도인 양 발표한 문체부의 처지가 한심하기 짝이 없다. 그래 아직까지 그러한 제도도 갖추지 못하고 국보를 지정했다는 말인가?

문체부는 올해 초엔 일제 때 지정된 문화재에 대한 명칭 및 등급을 재평가하겠다고 발표하였다. 역사청산작업의 일환으로 지난해 총독부 건물의 첨탑을 제거한 후속 조치로 마련한 것이다. 일제 때 지정된 국보1호 남대문, 보물1호 동대문 등 5백여 건의 문화재에 대한 명칭 및 등급을 재평가하기로 하고, 관계 전문가 별로 위원회를 구성토록 하였다. 빠르면 연말까지 작업을 완료한다고 했다.

'역사 바르게 세우기' 위한 대책을 마련하고, 이를 실시하는 중도에 커다란 변고가 생겼다. 이른바 '거북선 총통 가짜사건'이 그것이다. 임진왜란 때 거북선에 장착되었던 것으로, 정확한 이름은 '귀함별황자총통龜艦別黃字銃筒'이란다. 1992년 8월 18일 인양하고, 사흘 만인 21일 바로 국보 274호로 지정되었다고 한다. 졸속한 처리였음을 왜 그 당시는 말하지 않았는가? 이 총통을 지정하는데 문화재위원 중 무기류 관계 전문가는 한 사람도 없었다. 서지학자나 불교미술사 연구가, 회화 전공자뿐이었다. 그러니 무엇을 말할 수 있었는가? 해사박물관장이 발표했으니, 그저 인정할 수밖에 없었을 것이다. 당시 문화재전문위원 중 한 사람은 "총통은 우선 청와대에 가져가 대통령에게 보고한 뒤 해사박물관으로 도로 내려가는 길에 문화재위원회에 잠시 공개됐다."고 하였다. 결국 전문위원은 구경만 했을 뿐, 청와대에서 '눈도장' 찍었던 것이니 그대로 통과했다는 식이다. 국보지정에도 이런 졸속이 통하니 다른 것인들 어쩌랴.

이러한 여파로 경기도립박물관도 수난을 겪고 있다. 개관 전부터 전시유물의 진위 여부로 심심찮게 언론이나 방송에 떠오르더니, 결국은 도의원회에 회부되어 심의되는 형편이 되었다. 며칠 전에 개관한 이후로는 연일 도마에 올라 난자당하고 있다. 수십여 건의 유물이 가짜이고, 전시 설명 중 오탈자가 적잖고, 별다른 특성도 없고, 게다가 관계자와의 학연, 인연 등에 결탁되어 졸속하게 박물관 건립이 추진되었다고 한다.

이제 이와 비슷한 화살이 전국 시군의 박물관이나 향토사관, 그리고 문화재 지정에 돌려질 것이 뻔하다. 용인시의 경우는 완벽한가? 졸속하게 일부 몇몇의 단견으로 지정되지는 않았는가? 용인시는 금년에 「용인문화재총람」

을 간행할 예정이다. 이 사업을 두고 벌써 관심 있는 이들은 우려를 표하였다. 기존의 문화재 지정에 문제가 적지 않다는 것이다. 대체적으로 용인시 지정문화재엔 대상 자료의 편중을 문제시하고 있다. 일부 관계자의 취향에 부합하는 영정 자료의 경우는 용인에 소재한 자료 거의가 문화재로 지정되었다. 그런가하면 개인 소장의 중국 도자기, 어떤 것은 조성된 지 150년밖에 안 되는 도자기까지 문화재로 지정해 놓았다. 이 자료를 지정하는 데 관계했던 인사는 "그만큼 소중한 자료이다."고 강변했다고 한다. 성산신문의 김미선기자가 지적한 대로, 그만큼 소중했으면 국보나 보물지정을 건의했어야 할 것이다. 필자는 아직은 견문이 좁아선지 중국의 도자기류가 시군의 향토문화유적으로 지정된 사례를 듣지도 보지도 못하였다. 이보다 더 문제인 것은 보물로 지정된 문화재의 명칭이다. 보물9호로 지정된 서봉사의 현오국사비를 흔히들 '서봉사현오국사탑비'로 기록하고 있으나 잘못이다. '탑비'가 아님은 비명의 첫머리에서 쉽게 알 수 있다. 국가지정 건축물인 '정영대가옥'이 '이주국장군 생가'로 고쳐져야 함은 널리 인정하는 바이다. 이밖에도 등급의 지정, 지정 명칭 등 사소한 문제점을 안고 있는 문화재가 허다하다. 이미 소실된 '남구만 사당'이 비지정문화재 목록에 들어 있다면 한심한 처사가 아닐 수 없다. 도립박물관의 문화재 목록에 보물로 설명된 용인시의 문화재가 용인시의 문화재 목록이나 기록에는 아예 누락되어 있다는 것은 더더욱 문제이다. 행정당국은 이제라도 재검토해야 할 것이다. 다행히도 용인시의 관련 부서에선 문제점을 분명히 느끼고 있다. 조만간에 전문위원을 전공 영역별로 위촉해 검토하겠다고 밝힌 바 있다. 그런데 그 같은 조치를 서두르는 기색이 없다. 그리고 앞에서 문제점을 지적한 몇몇 문화재에 대해선 기왕

지정한 것이라 어쩔 수 없다는 궁색한 변명을 앞세우고 있다. 그냥 묵과하면 연말 쯤 간행될 「용인문화재총람」에 그대로 게재될 수밖에 없다. 9, 10월쯤 전문위원회를 구성하여 심의한다고 하는데, 그때 가서는 시간이 촉박하여 어쩔 수 없다는 또 다른 구실을 찾을 게 뻔하다.

'가짜 국보 총통사건'으로, 경기도립박물관 유물의 진위여부 시비로 들끓고 있는 이때, 새삼 용인시의 문화재에 관심을 둔다는 사실에 다소 우려가 없지 않다. 필자는 쓸데없는 논쟁을 야기하여 문제삼을 이유가 없다. 남의 집 일은 그러니, 우리는 미리 예방하자는 뜻만 있을 뿐이다. 관계 당국은 시급히 적절한 조치를 마련해주길 바란다. 필자의 우려가 기우杞憂이길 거듭 바란다.

성산신문 168호, 1996.6.29

양천허씨 묘역 석조물 도난사건에 부쳐

5년 만에 다시 재개한 용인문화유적답사 첫째 날에 매우 안타까운 일이 벌어졌다. 답사단이 방문하기 얼마 전에 양천허씨 묘역에 축조된 동자석, 망주석, 장명등이 도난된 것이다. 나중에 알게 된 사실이지만 몇 년 동안 그 같은 일이 용인시 여러 곳에서 발생하였다고 한다. 용인시에서 뿐이겠는가. 그렇지 않다. 전국적으로 그 같은 일이 수없이 발생하였을 것이다. 그럼에도 그러한 사실이 전혀 알려지지 않았다. 비지정문화재요, 문화재적 가치가 별반 없다는 이유 때문이다. 국보급이나 보물급이었으면 온 나라가 떠들썩했을 것이다.

용인시 원삼면 맹리에 소재한 양천허씨 묘역에서 6기의 석조물이 도난당한 것은 이미 4월쯤이었고, 경찰서에도 신고되었던 일이다. 그럼에도 아무도 관심을 갖지 않았다. 실무담당자도 몰랐다 한다. 안들 무슨 소용이 있었겠는가. 도난당한 석조물이 옆에 있어도 알 수 없었을 것인데. 언론이나 방송매체에서는 비지정문화재니까 도난당했지 않았겠는가. 그러니 서둘러 지정해야 한다고 종용하고 있다. 관계 부서에서도 "소 잃고 외양간 고친다."는 식으로 얼마 안 있어 문화재 지정 운운할 것이다. 그 정도로 관심을 끌었다는 사실만도 우리 답사단의 노력이 헛되지 않았음을 인정한 것이리라.

남달리 내 고장의 문화유산에 관심을 가져왔던 내가 '아주 작은 일'로 여러 사람을 피곤하게 한 것은 그 같은 결과를 촉구하고 만족하려 한 것은 결코 아니다. 사실 나는 90년대 초에 허균, 박은, 유희 선생의 묘역을 용인시 문화재로 지정해야 한다고 주장하며 신청서를 낸 바 있다. 그 때 왜 지정되지 않았는지 지금도 이해가 안 간다. 나중에 누군가에게 들어보니 용인시는 문화재로 지정된 묘역이 많으니 더 이상 할 필요가 없었다는 것이다. 얼마나 어리석은 자들의 판단인가. 지금의 도난 사건은 그러한 생각을 가졌던 사람들의 탓이리라. 문화유산은 물질적 가치로만 판단할 수 없을 것이다. 항상 강조하건대 정신적 가치를 우선했으면 좋겠다. 홍길동의 저자라는 사실, 조선조의 대표적인 한시작가, 우리 한글의 대표적인 저술 『언문지』의 저자라는 사실만도 시지정문화재로 손색이 없다고 본다. 이미 전국적으로 문화유산을 관광산업의 자원으로 생각하고 있지 않은가, 강릉이나 장성에서는 홍길동의 캐릭터 개발 문제로 소송까지 했다고 한다. 허균의 묘역이 있는 용인시에서는 무엇을 했는가. 드라마 「천둥의 소리」가 인기를 끌고 방영될 때에도 주인공의 허균의 묘가 용인에 있다는 사실을 모르는 시민이 더 많았을 것이다.

이 일이 생기고 나서 한결같이 묻는다. "대책이 무엇인가" 그래 무슨 대책이 좋겠는가. 가장 최선의 대책은 우리 모두가 관심을 갖는 것이다. 용인시에서는 비지정문화재라도 모든 시민이 관심을 갖도록 적극 홍보하고 관리 감독에 더 많은 노력을 기울여야 한다. 그리고 '향토문화지킴이'의 적극적인 활동을 촉구한다. 난개발, 환경파괴 현장에서 저항운동에 앞장서는 것도 중요하겠지만 무관심 속에 방치된 폐사지의 석탑이나, 묘역의 석조물을 감시하는 역할에도 게을리 하지 않길 바란다.

용인신문 393호, 2001.5.18.

택불처인 언득지擇不處仁 焉得知

용인은 예로부터 '사거지死居地'로 알려졌다. 흔히들 명당이 많은 곳으로 이해하고 있는데, 자세히 살피면, 살아서는 물론 "죽어서도 살 만한 곳"이라는 뜻도 된다. 지금은 산 사람이나 죽은 사람 모두 용인에 머물고 싶어 한다. 작년도 전입 인구가 전국에서 가장 많았던 곳이 용인이다. 용인은 교통의 요충지로, 문화유산· 관광지· 연수원· 골프장이 많은 곳으로 이미 정평이 나 있다. 게다가 용인시에는 대학이 무려 10여 개나 있다. 특히, 수원 용인 간 42번 국도에만 경희· 강남· 용인· 명지대학교가 연이어 있다. 이런저런 요인들 때문에 용인은 나날이 전입 인구가 급증하고 있다. 이 어찌 좋은 일이 아니겠는가.

그러나 용인에서 출생하고, 이곳에서 고등학교 교사를, 그리고 지금은 대학에서 강의를 하고 있는 나로선, 남다른 두려움을 느끼고 있다. 감당하기 어려운 정도로 급변하고 있기 때문이다. 용인에는 "굴러온 돌이 박힌 돌을 빼낸다."는 속언이 있는데 과연 그런 것 같다. 이제는 외세에 기울어져 용인의 지역문화를 소개하는 일조차 힘겹다.

용인은 지리적 조건 외에 대학이 밀집해 있어서 여러 가지 이점이 있다. 그런데도 지역민의 불만과 대학 측에서의 불평이 적지 않다. 이미 경산이나 천안지역은 대학촌을 형성하고, 나름대로 지역에 기여 또는 영향을 끼쳤다고 본다. 물론 부정적 요소가 지적된 바도 적지 않다. 용인시의 경우는 이들 지역보다 더 많은 문제점을 안고 있다. 재학생 대다수가 서울이나 수도권에서 통학하고 있다. 단지 수강을 위해 등교할 뿐이요, 캠퍼스에서만 생활할 뿐 지역에 대한 관심은 거의 없다. 용인 시민도 대학에 대해 별다른 관심을 갖지 않는다. 각별히 대학에 무엇을 기대하거나, 제공하려 하지 않는다. 일부 시민단체나 행정당국이 나서서 대학과 지역의 공존을 외쳐대지만 협력체제 구축에 머물고 있을 뿐, 실제 활동은 거의 없다.

각 대학의 교육이념에는 빠짐없이 '지역문화의 창달'이 들어 있다. 과연 대학은 지역에 무엇을 기여했는가. 아마도 대외협력처는 국제교류가 주업무일 것이다. 지역에서 소외된 대학이 세계 속의 대학이 될 수 있겠는가. 대학은 시민과 접할 수 있는 기회를 많이 제공하여야 한다. 대학의 문화 체육공간이나 도서관 등 제반 시설을 적극적으로 공개한다면 시민은 대학과의 공존을 피부로 느낄 것이다. 이러한 기회를 통하여 대학의 전문성과 지역의 고유성이 조화되어 새로운 지역문화가 창출된다면, 용인시는 많은 대학이 있기 때문에 더욱 살고 싶은 도시로 인식될 것이다. 그렇게 된다면 부가적 이익이 발생할 것이요, 대학과 시민이 이익을 함께 나눌 수 있을 것이다.

그리고 대학과 지역의 교류는 단지 협력체제 구축만으로 가능하지 않다. 시의 주도적인 행정지원과 투자가 절대적으로 필요하다. 세계적으로 우수한 명문대가 소재한 곳은, 그 지역 자체가 세계적인 명소가 되어 있다. 대학과 지역의 발전이 무관하지 않음을 기억해야 한다. 논어에 "어진 곳을 가려 살지 않는다면 어찌 지혜로울 수 있겠는가擇不處仁 焉得知"라는 글이 있다. 용인의 옛 이름인 '처인'은 바로 여기서 근거한다. 공자의 말씀대로 용인시가 지혜로운 사람이 택한 어진 마을이 되길 기대한다.

조선일보, 2002. 2. 27.

처인면 개명과 처인승첩기념 전국궁도대회

용인지역의 양대 신문이라 할 수 있는 「용인신문」과 「용인시민신문」에 이번 주에는 똑같이 처인면 개명 청원과 처인승첩 기념 전국궁도대회 기사가 게재되었다.

한 지면에는 「제3회 처인승첩기념전국궁도대회」는 지난달 23일부터 25일까지 3일간 백암면 백봉리 수양정에서 치뤄졌다는 기사가 사진과 함께 자리잡고 있었다. 400여 명의 선수가 참가했고, 시장, 국회의원, 의장, 도의원, 문화원장이 개회식에 참석하고, 선수들을 격려하며, 활쏘기 시연까지 했다고 한다. 시장은 축사에서 "용인은 활쏘기와 관계가 깊은 곳으로 남사면 아곡리에 위치한 처인성에서 몽고군 최고사령관인 살리타이가 김윤후 승장이 쏜 화살에 맞아 사살됨으로써 항몽대첩을 이룬 역사 깊은 고장"이라 하면서 "김윤후 승장의 투철한 호국이념의 정신을 이어받아 활솜씨를 십분 발휘하여 뜻 있는 기념행사가 되도록 해달라고" 말했다.

다른 지면에는 「우리면 개명추진위원회」에서 같은 날, 면이름 변경에 관한 청원서를 용인시청을 비롯 시의회에 접수하였다는 기사가 있다. 개명위원회는 1천여 명의 서명을 받아 제출하면서 "처인면 개명은 남사면민의 자긍심을 살리는 일로 도로확장보다도 시급하고 의미 있는 일이다"고 강조하였다. 또한 남사중학교는 지난 해부터 학교축제를 '처인제'로 명명하고 치른다고 하였다.

이 두 기사를 접하고 뭔가 석연치 않은 느낌을 가졌다. 공교롭게도 같은 날에 있었던 일이다. 시장을 비롯한 용인지역의 유지들은 백암면에서 행사를 치르면서도 어색함을 전혀 느끼지 못했던 것 같다. 처인승첩 기념 전국궁도대회를 3년씩이나 백암면에서 치르고 있으면서도 문제점을 느끼지 못했음이 분명하다. 그 행사를 주최한 용인시궁도협회장은 문화원의 사무국장을 오랜 동안 지낸 사람이며, 그 자리엔 문화원장도 있었다. 여건이 어떠했던 간에 현재 남사면에 위치한 처인성을 방치해두고 백암면에 궁도장을 마련해서 전국대회를 치른다는 발상을 시민은 이해할까 의심스럽다. 전국에서 참가한 궁도 선수들은 아마도 처인성이 백암면에 있는 것으로 생각할 것이다. 시장의 축사는 더 착잡하게 한다. 처인승첩 기념대회를 왜 백암면에서 갖도록 했을까? 시장은 처인성에 대해서 얼마나 아는가? 문화원장은 처인성 연극제, 가요제 하면서 처인성을 입에 침이 마르게 말하였던 사람이다. 1년도 아닌 3년씩이나 백암면에서 개최하며 문제점을 몰랐을 리 없다. 그가 앞장섰다면 전국궁도대회를 처인성 주변에서 개최하는 것은 큰 문제가 아니었을 것이다.

차라리 남사면민이 자랑스럽고, 남사중학교의 후학들이 대견스럽다. 그들은 행정당국도 깨우치지 못하고 있는 부끄러운 면面 이름을 고치고자 자원해서 나섰다. 처인면으로 개명이 도로확장보다도 시급하다고 주장하였다. 이들의 애향심을 용인시민은 본받아야 할 것이다.

처인면에서 처인성승첩기념 전국궁도대회를 개최하였으면 얼마나 좋을까. 그때는 처인면민 모두가 전국의 궁사들을 위해 자원해서 잔치를 벌일 것이 분명하다. 아무튼, 내년에는 그 같은 바람이 이뤄지길 기대한다.

용인신문 413호, 2001. 11.3

허균의 묘역을 다시금 돌아보며

이제는 시민이 용인시의 문화유산을 지켜야 할 터

신문을 펴자마자 눈에 뜨인 것이 "9월 문화인물: 허균·허난설헌" 기사였다. 그 기사에는 이렇게 적혀 있었다.

「문화관광부는 8월 30일 허균許筠:1569-1618과 허난설헌許蘭雪軒: 1563-1589 남매를 9월의 문화인물로 선정했다.」

문화부는 두 인물의 생애와 업적을 기리기 위해 고향인 강원 강릉에서 허균·허난설헌 국제학술대회, 홍길동 만화 그리기, 홍길동 가장행렬이상 9월 22일, 홍길동 인형극전, 허균·허난설헌백일장23일 등의 기념사업을 실시할 예정이다.

이 기사를 접하고 또 한번 자괴감에 빠지고 말았다. 한참을 멍하니 있다가 허균에 관한 기사를 전산망에서 검색해보았다. 이런 기사가 아직도 전산망에 자리하고 있었다.

「용인 양천 허씨 묘역 석물 무더기 도난」(주요뉴스, 지역, 2001.05.10 목. 07:56)

(용인=연합뉴스) 김인유기자= 홍길동전을 쓴 허균 묘소와 허균의 누이 난설헌 허초희의 시비가 있는 용인시 원삼면 맹리 양천 허씨 묘역의 석물이 무더기로 도난당한 사실이 밝혀져 경찰이 수사에 나섰다.

최초의 한글소설 「홍길동전」의 저자인 교산蛟山 허균은 이미 400여 년 전에 조선 중기 당시의 시대적 한계를 뛰어넘어 평등사회, 개방사회, 국제사회를 꿈꾼 선구적 지식인으로 평가받고 있다. 그는 여러 개인적인 비행으로 파직과 복직을 되풀이하는 등 당대에 많은 비난을 받았지만 부패한 정치와 잘못된 제도를 실천적으로 개혁하려 했을 뿐 아니라 "백성이 나라의 근본이며 오직 두려워할 만한 자는 백성뿐"이라며 미래적 이상사회를 꿈꿨다. 특히 문학평론 부문에서 탁월한 안목을 보여주는 글을 많이 남겼다.

장성에서는 홍길동의 생가를 복원중이라고 한다. 홍길동이 실존 인물이건 아니건 문제가 아니다. 남원은 이미 춘향전이 모태가 되어 세계적인 관광지가 되어 있다. 남원 사람들은 아무도 춘향이의 실존 여부를 따지고 들지 않는다. 그들에겐 홍길동이나 춘향이가 장성이나 남원에 연관이 있다는 사실만으로도 관광 자산이 된다. 강릉시와 장성군은 홍길동의 캐릭터를 놓고 소송을 벌인 적도 있지 않은가. 그 때 용인시는 무엇을 했단 말인가. 얼마나 한심한 일인가. 허균의 묘역이 용인에 이전해 온 지 20여 년이 훨씬 지났는데도, 그의 묘역은 이전된 것이라는 이유를 내세워 향토유적으로도 지정되어 있지 않다. 그것이 이유가 되는가? 이미 지정된 문화재 중에는 그 이유를 대기엔 말도 안 되는 사례가 있다. 남사면의 진화의 묘소는 본래부터 지금의 위치에 있었는가? 그가 고려시대의 대표적인 문인인건 누구보다도 이 방면의 전공자이기에 잘 알고 있다. 그의 묘역이 문화재로 지정된 것이 부당하다는 것이 아니다.

지난 4월엔 유희柳僖 선생이 문화의 인물로 선정되어 여러 가지 기념행사가 있었다. 그때도 용인에서는 아무런 일이 없었다. 용인시민 중에 대다수가 그의 묘역이 어디에 있는지조차 모른다. 그가 용인 출신이요, 그의 어머니는 대표적인 여성 실학자로 알려져 있다고 귀띔해주면 더욱 의아해 한다. 언론이나 독립운동사를 전공하는 이는 유근柳瑾선생의 묘소를 내게 찾아와서 묻는다. 그가 '이 달의 독립운동가'로 선정되었고, 학계에서는 이미 그에 관한 학술회의를 열었었다.

용인시 행정 당국자에게 거듭 묻는다. 이미 문화관광부에서 선정된 인물이 지방의 향토유적으로서조차 가치가 없다는 말인가? 실존 여부를 고사하고 소설의 주인공까지 생가를 복원하여 관광자원화하자는 마당에 용인시는 무슨 생각에 빠져 있는가? 엄청난 돈을 들여 모 단체에게 용역을 줘서 '관광21비전'을 제시했다. 그 계획이 얼마나 시민에게 납득이 갔는가?

이동면 서리의 고려백자요지는 사적 329호로 지정되어 있다. 또한 그 복원 모형제작물이 경기도립박물관에 전시되어 있다. 국내 최대 규모의 가마터라고 한다. 여주, 광주, 이천에서 그 같은 규모의 가마터가 발견되었다는 보도를 아직은 보지 못했다. 도자기에 관심을 갖는 이는 이번 도자기엑스포에 용인이 왜 빠져 있는가를 의아해 한다. 요즈음 그 같은 여론이 커가니까 궁여지책으로 서리 상반의 고려백자요지 발굴현장을 견학 코스로 열어 놓았다.

입구에는 현수막이 간간이 붙어 있을 뿐이다. 현장에는 발굴답사단 외에는 관계 공무원도 안내자도 아무도 없다. 답사단원에게 물어보니, 찾아오는 이가 거의 없단다. 그저 여론이나 메꿔보자는 행정임을 또 한번 증빙하고 있는 것이다. 도자기엑스포를 기획하고 있을 때는 용인시는 무엇을 했는지 정말 갑갑하고, 통탄스러운 마음을 억누를 수 없다.

용인문화공보실이나 문화원은 무엇으로 그간의 이러한 사실을 어떻게 변명할 것인가. 행정당국의 책임자는 정말이지 부끄럽지 않은가.

'용인향토문화지킴이향지모'의 집행부와 구성원에게도 보다 적극적인 활동을 재촉구한다. 창립한 지 1년이 지났지 않은가? 아직도 용인시나 문화원에 비난만을 일삼을 것인가. 구성원이 신뢰할 수 있는 기획이나 행동을 가시화해 주길 바란다. 사업 계획이 서 있을 줄 알지만, 우선은 발기 당시의 뜻대로 스스로 비지정문화재를 보존한다는 차원에서 안내표지판이라도 현장에 설치하고, 정화사업이라도 실천해 주길 바란다.

허균 묘역의 석물 도난 사건이 일간지에 보도되었던 때는 "이제야 뭔가 조치되겠구나"하였다. 그러나 지금 허균의 묘역을 다시금 돌아보니 달라진 것이 없다. 오히려 잡초만 무성하였다. 이러한 여건 속에서 누구를 탓하겠는가. 이제는 더 이상 용인시 관계당국의 부끄러운 짓을 몇 줄의 글로 열거하지 않기로 했다. 나 자신이 용인임을 자긍하고, 용인의 전통문화에 관심을 갖은 이로써, 그 혐의를 면치 못할 수도 있기 때문이다. '향지모'의 사업에도 직접 관여하지 않을 것임을 밝혀둔다. 이제부터는 자원봉사자의 마음으로 용인향토문화연구에 봉사할 생각이다.

용인신문 406호, 2001.9.6.

기묘명현의 표상 김세필金世弼 선생

"기묘명현과 용인"은 향토사가들의 큰 과제
이제라도 하나씩 매듭을 풀어야 한다.

우리 고장 용인은 선현의 유적이 많이 소재한 곳이다. 특히 충절의 고장으로 이름나 있다. 고려말엽에 불사이군不事二君을 고집한 포은 정몽주는 예나 지금이나 전국 유림의 표상이다. 조선 중종조의 기묘명현 가운데 7명이나 용인과 연고를 갖고 있음도 주목할 만하다. 정암 조광조는 포은과 함께 용인의 얼로 추숭되어 왔다. 충렬서원과 심곡서원은 바로 두 분의 학덕과 지절志節을 기리는 곳이다. 정암과 함께 사은정四隱亭에 뜻을 남긴 조광보趙光輔·조광좌趙光佐·이자李耔 역시 지절志節로 역사에 이름을 남기신 분이다. 이자선생의 고택과 묘역은 이미 용인시의 문화재로 지정되어 보존되고 있다. 이들에 비해 기묘명현인 김세필金世弼·이성동李成童 선생은 죽전동과 남사면 묘봉리에 묘역이 있으면서도 별반 찾는 이들이 없다. 김세필선생의 묘역은 화를 당한 지 4백 년이 지난 1999년기묘년에야 경기도의 문화재 자료 제92호로 지정되었다. 최근 난개발로 훼손 위기에 처하자 그의 후손들이 나서서 힘겹게 얻어낸 결과이다. 용인시에서 문화재 지정을 미루자 경기도에 직접 건의하여 뜻을 이루었던 것이다. 이 얼마나 부끄러운 일인가. 결과적으론 도지정 문화재로 지정되었으니 위상이 더 높아진 셈이다.

사실, 십청헌十清軒 김세필金世弼 선생은 지금까지도 정암의 명성에 가려진 인물이다. 그는 정암보다도 10년이나 앞서서 중종의 신임을 받고, 도학정치를 구현했던 명현이다. 정암 이 '주초위왕走肖爲王'사건으로 유배되고 사사賜死되자, 이 일이 잘못되었음을 중종에게 간언하다가 화를 당했던 인물이 바로 십청헌이다. 중종 당시의 역사기록을 살피면, 십청헌은 정암의 강직함을 우려하여 개혁의 완급을 충고하였다. 정암이 사사되었을 당시 십청헌은 중국에 사신으로 갔다 오던 때였다. 그가 조정에 있으면서 정암의 무고를 중종에게 간하였다면 사사됨은 면하였을 것이라는 것이 사관들의 평이다. 정암과 십청헌 두 선생의 인연은 이처럼 깊다.

십청헌의 행적이 드러나지 못한 것은 그의 학덕과 지절이 정암보다 부족해서가 아니다. 그는 고려말 충신으로 포은과 함께 이름을 남긴 상촌桑村 김자수金自粹의 고손이며, 세종을 비롯하여 여섯 임금을 섬긴 바 있는 명신 김영유金永濡의 손자이다. 그의 가문은 명문거족으로서 부족함이 없다. 그가 당대 유림의 사표師表로 천거되었음을 보면, 훈구대신이나 신진사림들로부터 명망을 함께 받았음을 알 수 있다. 경학經學과 시문詩文에 모두 뛰어나, 도학자요 문인으로 높이 평가된다. 사관은 십청헌의 인물됨을 이렇게 평하였다.

"김세필은 학술과 재예가 뛰어났으며, 자상하고, 스스로 삼감으로써 시류의 무리배들과는 가까이하지 않았다. 그가 사헌부의 탄핵을 받은 까닭도 거기에 있다."

십청헌의 이러한 성품은 그의 아들 김저에게 이어진다. 김저는 명종때 윤원형의 횡포를 간언하다가 을사사화에 연루되어 참수되었다. 이로써 누대에 걸쳐 충절로 이어온 그의 가계는 김저에 이르러 멸문滅門 되었다. 십청헌의 시문집이나 관련 사료는 이 때 불타 없어지고 말았다. 십청헌의 행적이 소실되어 전하지 않기에 자연 그에 대한 연구가 미진했던 것이다.

이제라도 십청헌에 대한 관심이 기울어져야 한다. 후손들은 그늘에 감춰졌던 십청헌의 학덕과 지절을 선양하는 데 더욱 힘써야 한다. 여느 가문의 후손들이 그러하듯이 선조 묘역의 보존이나, 향사만이 능사가 아님을 직시해야 한다. 다행히 최근에 많은 자료집이 정리되고 있으며, 적극적으로 홍보에 힘쓰고 있다고 한다. 우리 용인문화유적답사단과 함께 십청헌의 묘역을 찾았을 때 그 같은 노력을 느낄 수 있어 가슴 뿌듯했다. 정암 조광조선생의 유적을 답사할 때의 참석자들은 매우 많았다. 이에 반해 십청헌의 유적을 답사했을 때는 그렇지 못했다. 꼭 날씨 때문이었겠는가? 솔직하게 말하자면 십청헌에 대한 관심 부족이었을 것이다. 용인지역의 향토사가들은 '기묘명현과 용인'이라는 과제를 하나하나 풀어나가야 할 것이다. 십청헌의 위상을 재평가하는 일도 그 하나일 것임을 제기한다. 더욱이 그의 묘역은 난개발의 표본지역인 죽전지구 중심에 있다. 대나무 숲처럼 솟아나는 아파트의 그늘에 묻혀 그의 학덕과 명망이 가려질 것을 생각해보라. 우리가 관심을 기울이지 않는다면, 지금의 문화 환경조차 유지할 수 없을 것이다. 답사단의 충정을 모아 이 작은 글로 행정 당국이나 향지모의 관심을 촉구한다.

용인신문, 2002.4.8.

'차이나 파라다이스'의 명분과 실리

아시아문화권의 문화관광지 조성 차원에서 명분과 실리를 살려야

모든 것이 해외로 유출되는 이때 용인시에서는 해외 관광자원과 자본 유치를 표방하고 있어 눈길을 끈다. 이른바 '차이나 파라다이스' 관광지 조성 계획이 그것이다. MBC문화영상단지, 에버랜드, 한국민속촌 등을 연계한 관광벨트를 형성해서 용인을 명실상부한 관광도시로 급부상시키려는 발상이란다. 이미 여러 차례 내왕하면서 실무자들의 견해를 조정하였고, 현장답사까지 마쳤다. 그 과정에서 중국 현지의 지형과 닮은 원삼면 일대 40만 평을 적정지로 예정하고 있다. 눈치를 보니 행정 당국에서나 시의회에서도 긍정적인 결론을 내리고 추진중인 것 같다. 관심을 기울여 보면, 용인시 동부지역에 관광자원 확보를 통해 균형적인 발전을 기한다는 발상에 동감할 수 있다. 추진단체의 계획대로 진행만 된다면, 환영할 만한 사업구상이다. 그러나 계획과 실제가 일치되는 일이 많지 않다는 전례에서 우려가 앞선다. 일부 언론에서 제기된 반론도 우려되는 사항이다. 한중일 삼국이 첨예하게 역사 문제 인식을 제기하고 논쟁하는 마당에, 중국문화의 유입이라는 차원에서 부정적인 견해를 가질 수 있다. 실리적 측면도 따져 볼일이지만, 일단 추진위원회의

충분한 검토를 거쳤을 것이라 믿는다. 문제는 일부의 반론에서 제기된 역사 인식이다. 지금 당장의 사회적 분위기를 보면 때가 아닌 듯싶다. 그렇다고 해서 '차이나 파라다이스' 조성 자체만으로 중국문화에 대한 예속을 우려한다면 그 역시 편견이 아닐까 한다. 이미 인천지역의 '차이나타운'도 지역발전 차원에서 조성되어 있지 않은가. 인근 지역에선 몽골과 연대하여 몽골문화 체험장을 운영하고 있다. 그 사업을 유치하면서 중국과 몽골문화의 예속화를 우려하지는 않았던 것 같다. 보다 구체적이고, 장기적인 추진 과정에서 명분과 실리를 따져볼 일이다.

각자가 다른 생각을 가질 수는 있겠지만, '세계화'라는 시대적 소명만은 부인할 수 없을 것이다. 오히려, '차이나 파라다이스'를 통해 중국문화를 이해하고, 우리 문화에 더욱 관심을 기울이는 장場이 될 소지도 전혀 없지 않다. 아니, 그러한 공간이어야 할 것이다. 기왕에 문제가 제기된 만큼, 거시적인 차원에서 생각해 볼 필요가 있다. 한·중·일 3개국은 같은 문화권역에서 공존해온 국가이다. '차이나 파라다이스' 조성과 함께 '재팬 파라다이스'를 유치해 보라. 그 같은 사업 구상도 가능하다면, 지금의 문제점이 극복될 수 있을 것이다. 아시아문화권의 핵심인 한·중·일의 문화를 용인시 한 곳에서 관람할 수 있다면, 그것 또한 세계인의 주목을 받을 만한 일이 아니겠는가.

용인신문 548호, 2004.9.13

용인에 살자면

용인에 살자면 알아두어야 할 것이 몇 가지 있다. 우선, 용인이 어디에 있는가를 알아야 하지 않는가. 지도를 펼쳐놓고 보면, 우리나라 중부지방임에 틀림없고, 인접한 지역으로 이천시·수원시·광주시·안성시가 있다. 지금은 행정구역이 지번地番까지 분할되어 있어 경계가 분명하다. 예전에는 용인이 어떠했을까를 생각해보는 것도 괜찮은 발상이다. 적어도 토박이는 물론, 외지인이라도 용인에서 오래 살고자 한다면…

'용인'은 '용구'와 '처인'의 지명이 합쳐진 이름

용인에 살면서 그 지명을 모른다면 말이 되지 않는다. 자세한 변천 과정은 생략하고, 몇 가지 사실만 추려본다. 용인지역은 선사시대에도 '살기 좋은 곳'이었나보다. 모현면의 지석묘를 비롯해 여러 기의 선사 유적이 남아 있다.

용인은 고구려 때는 '구성駒城'으로, 백제 때는 '멸오滅烏', 신라 때는 '거서巨黍', 고려 때는 '용구龍駒로 불렸다. 우리나라 중심부에 위치한 만큼 삼국이 모두 용인지역을 관장한 것이다. '용인龍仁'이라는 명칭은 조선 태종 13년(1413)에 용인현龍仁縣과 처인현處仁縣: 지금의 남사면 아곡리 일대의 명칭에서 한 글자씩 따서 '용인'이라 명명한 것이다.

용인은 옛날부터 지금까지 중요 군사 거점지역이었으며, 교통로였다. 삼국시대 때 고구려·백제·신라가 모두 관할하였다는 사실이 입증한다. 고려시대 때도 중점 지역이었음이 여러 면에서 확인된다. 몽고의 침입을 저지하고 적장을 살상한 곳이 바로 '처인성處仁城'이다. 조선시대에도 용인은 낯선 지역이 아니었다. 한양 성곽 주변의 여러 마을 가운데서도 용인은 고관대작의 우거지寓居地로 각광을 받았다. 한 때 벼슬에서 물러나 전원생활을 즐기던 곳이 용인이었다. 조광조趙光祖·남구만南九萬 선생이 그 대표적인 인물이다. 지금도 마찬가지이지 않은가. 저 호남에 있는 친구가 내게 하는 말이 "돈과 권력이 있는 사람이 용인에 산다."고 비아냥댄다. "빈민들이 사는 곳"이라는 말보다는 듣기 좋은 건 사실이지만, 기분은 그저 그렇다.

조선시대의 용인은 지금의 구성읍 언남리였다.

수년 전에 고문헌 속에서 용인과 관련된 자료를 찾다가 현장조사를 나온 K대학의 교수가 몇 차례를 전화를 걸어왔었다. 아무리 용인현 치소治所의 자취를 찾으려 해도 찾을 수 없다는 것이다. 아마 그 교수는 지금의 용인시청 주변을 맴돌았던 것 같다. 그러니, 열흘을 헤매도 찾지 못할 수밖에…. 조선시대의 용인은 지금의 용인시청 주변이 아니고, 구성읍 언남리였다. 지금의 구성읍사무소 터가 조선시대 용인현의 관아官衙가 있었던 곳이다. 지금도 구성읍에는 '구읍내舊邑內'라는 지명이 불려진다. 1938년도에 용인군청이 수여면水餘面;지금의 용인시 소재지으로 옮겨 간 뒤부터 '구읍내'가 된 것이다. 용인지역의 향토사를 연구하는 사람이 아니면 이 같은 역사적 사실을 알 리가 없다. 고문헌자료에서 접하는 '용인'은 지금의 구성읍 언남리라는 사실을 알아야만 용인을 제대로 알 수 있는 것이다. 지금 그쪽 지역이 더 번창한 것을 보면, 조선시대의 성세를 회복하는구나 하는 생각이 든다.

용인사람들이 배타적이라는 인상을 주는 이유

용인사람들은 다소 배타적이라는 말을 자주 듣는다. 주로 외지인들이 그런 말을 한다. 그러면서도 한 삼년 쯤 살면 그 역시도 그렇게 되고 만다. 왜, 그럴까? 물이 그런가, 산이 그런가, 용인은 산수만큼은 어디 하나 흠잡을 곳이 없다. 전국에서 제일가는 명당지가 아닌가. 그 이유를 찾으려 고민한 결과, 한 가지 사실을 문헌에서 발견하였다. 「용인신정기(龍仁新亭記)」라는 글에

"용인은 작은 고을이나 서울과 인접되어 있기 때문에 밤낮 없이 폭주하는 대소의 빈려賓旅가 이곳을 경유하지 않을 수 없다. 대개 남북의 목구멍에 해당하기 때문이다."

고 하였다. 용인현감은 서울 왕래하는 빈객을 접대하는 데 여간 힘들지 않았다. 경비조달을 위해 상소하는 문건도 전한다. 주변에 사는 용인사람들 역시

따라서 고생이었을 것이다. 지금도 지방에서 서울로 올라오는 친척들은 용인에 사는 피붙이를 찾아서 방문하지 않는가. 적절한 정도의 방문이면 어찌 기쁜 일이 아니겠는가. 너무 빈번하다보니 짜증도 날 법한 일이다. 이런 속언俗言도 있다. “용인 사람들은 낯선 사람이 집 앞을 지나가면 세숫대를 감춘다.”고 핀잔한다. 오죽하면 세숫대를 감추겠는가. 오가는 사람들의 손에 하루도 지나지 못해서 깨지는 세숫대를 감당할 수 없었던 때문이다. 나 역시 한때는 용인에 사는 것이 번거로운 때가 있었다. 아이들이 어렸을 때는 주말이면 자연농원지금의 에버랜드에서 살아야 했다. 친척들과 친구들은 오랜만에 한번 나들이 하지만, 내겐 버거운 정도의 일이었던 것이다. 찾아오는 손님이니 적지 않은 경비도 내가 내야 했다. 토박이로 사는 나는 그런 여건 때문에 ‘짠돌이’ ‘배타적인 놈’이 되어 버린 것이다. “용인사람이 수원 깍쟁이를 빰친다.”는 말도 이런 데서 연유했을 것이다.

용인 YMCA, 2004.10.